»TEXTE ZUM NACHDENKEN«

Herausgegeben von Gerhard Wehr
Begründet von Gertrude und Thomas Sartory

Band 1610

»Texte zum Nachdenken«
In den Büchern der Menschheit ist eine Fülle von Texten zu finden, die das Bewußtsein weiten und verändern, die Seele wandeln. Vorausgesetzt, man liest diese Texte wieder und wieder, läßt sie immer tiefer eindringen in Geist und Herz. Hier trennt nicht die Fremde der Zeit oder die Ferne der Kontinente, denn in tieferen Schichten der Seele sind alle Menschen einander verwandt.
Diese seit Jahren bewährte Reihe der Herderbücherei wurde von Thomas und Gertrude Sartory begründet. Eine Reihe von Dichtern und Denkern, Heiligen und Weisen kamen in ihr bereits zu Wort. In jedem Band wird eine andere Gestalt oder Tradition für Leser von heute erschlossen, jeweils unter einer Fragestellung, die uns in unserer Zeit besonders bewegt. Die schöne Gestaltung eines jeden Bandes lädt zum verweilenden Lesen ein, aber auch zum Verschenken.
Heute führt Gerhard Wehr als Herausgeber diese Reihe weiter.
Seine Anschrift:
Händelstr. 17, 8501 Schwarzenbruck bei Nürnberg

Dieses Buch ist der 68. Band in der Reihe
»Texte zum Nachdenken«.

Gerhard Wehr, geboren 1931 in Schweinfurt/Main, ist freier Autor und lehrt an der Diakonenschule Rummelsberg bei Nürnberg. Zahlreiche Publikationen aus dem Bereich der christlichen Spiritualität, Tiefenpsychologie und Anthroposophie; zuletzt Biografien über C. G. Jung, Rudolf Steiner, Graf Dürckheim. Herausgeber der Werke Jakob Böhmes.

MEISTER ECKHART

DIE GOTTESGEBURT IM SEELENGRUND

VOM ADEL DER MENSCHLICHEN SEELE

HERAUSGEGEBEN UND EINGELEITET
VON GERHARD WEHR

HERDER TASCHENBUCH VERLAG

Veröffentlicht als Herder-Taschenbuch
Buchumschlag: Willy Kretzer

Gesetzt in der Times-Antiqua (Digiset)
Herder Freiburg · Basel · Wien
Gesamtherstellung:
Offizin Herder in Freiburg im Breisgau 1990
ISBN 3-451-08610-7

INHALT

Einleitung 7

DIE TEXTE

Vom edlen Menschen 27
Worte der Unterweisung 35
Geeint sein und verwandelt werden 77
Gott und die Seele 97
Unterwegs zur Gottesgeburt 111

Literaturhinweise 125

Gott hat all seine Lust in der Geburt,
und darum gebiert er seinen Sohn in uns,
daß auch wir all unsere Lust darin haben …

DW II, 627

EINLEITUNG

Berühmt und kaum bekannt

Die Gestalt Meister Eckharts, oft gerühmt als Haupt der deutschen Mystik, übt seit langem eine starke Faszination aus. Dabei wissen wir verhältnismäßig wenig von seinen Lebensumständen. So stammt von dem protestantischen Kirchenhistoriker Albert Hauck das Wort: »Mit Meister Eckhart nennen wir einen großen Namen, aber der Name bedeutet eine große Frage. Wir kennen Eckhart und kennen ihn nicht.« – Eckharts Person tritt hinter das Werk des Philosophen und Mystikers, des Lehrers, Predigers und Seelsorgers zurück. Wer daher diesem »Meister« begegnen will, der muß ihn dort suchen, wo er in deutscher und lateinischer Sprache die Ergebnisse seines Forschens und Suchens niedergelegt hat, nämlich in seinen Schriften und Predigten, in seinen Unterweisungen und Traktaten. Dabei ist hier die Frage nicht zu entscheiden, ob die lateinischen Wortlaute den deutschen vorzuziehen seien.

Um das Jahr 1260 wird Eckhart von Hochheim in Thüringen geboren. Es muß jedoch offen bleiben, ob Hochheim einen Adelsnamen darstellt oder eine Herkunftsbezeichnung; ungewiß ist ferner, welches Hochheim gemeint sei. Wir wissen nicht, was ihn bewogen haben mag, ins Kloster zu gehen und Mönch zu werden, statt – gegebenenfalls – als Landedelmann sein Gut zu bestellen, der Jagd zu obliegen, Turniere auszutragen und im Falle eines Krieges dem König Heerfolge zu leisten.

Freilich, als Eckhart das Licht der Welt erblickt, dauert noch die sogenannte »kaiserlose, die schreckliche Zeit« an, die bis zum Jahre 1273 gedauert hat. Und ein anderes, die abendländische Kirchengeschichte einschneidendes Ereignis steht bevor: die sogenannte »babylonische Gefangenschaft« der Päpste, die zwischen 1309 und 1377 im französischen Avignon residieren und dort ein Finanzimperium von noch nicht dagewesenem Ausmaß aufbauen.

Eckhart wird Dominikaner, das heißt: er tritt jenem Orden bei, der ähnlich dem Franziskanerorden die Tugenden der apostolischen Armut und einer strengen asketischen Lebenshaltung pflegt. Und noch etwas zeichnet diese Mönche aus. Sie sind nicht an ein und dasselbe Kloster gebunden. Das verschafft den Bettelmönchen, den missionarisch aktiven geistlichen Söhnen des Dominikus die erforderliche Mobilität. Und hinsichtlich ihrer Gelehrsamkeit nehmen sie es mit den Franziskanern auf. Dominikaner und Franziskaner bestimmen als Philosophen wie als

Theologen das geistig-geistliche Leben des 13. und 14. Jahrhunderts. Sie besetzen die Lehrstühle an den hohen Schulen.

Es ist die Zeit, in der – zwischen 1250 und 1268 – die Hohenstaufen untergehen. Es ist aber auch die Zeit, in der die Baumeister der Gotik die himmelan strebenden Dome und Kathedralen errichten, während die Lehrmeister der zeitgenössischen Philosophie, eben die Angehörigen beider Orden, ihre nicht minder kühnen Ideengerüste des gläubig denkenden Menschen ausgestalten.

Der junge Eckhart nimmt nicht nur die geistige Nahrung des scholastischen Denkens in sich auf, als er in das Dominikanerkloster in Erfurt eintritt. Er wird selbst ein »Meister« (magister), also ein Professor dieser herrschenden philosophischen Schulrichtung, in der man beispielsweise das Verhältnis von Glauben und Erkennen zu bestimmen sucht. Josef Pieper bemerkt hierzu:

»Die Verknüpfung von Vernunft und Glaube ... besagt, daß ein rationales Verständnis des in der Offenbarung ergangenen Wortes Gottes zu erreichen sein müsse; dieses Prinzip beruht offenkundig auf einem ausdrücklichen tiefen Vertrauen in die natürlichen Erkenntniskräfte des Menschen.«

Ehe nun Eckhart näher mit dieser Problematik in Berührung kommt, fungiert er als Prior seines Klosters in Erfurt und als Vikar seines Ordens in Thüringen. Der noch nicht Vierzigjährige ist demnach – um 1298 – ein in Mitteldeutschland geachteter Ordensmann. Seine »Reden der Unterweisung«, Wortlaute abendlicher Lehrgespräche, die uns heute zusammen mit

seinen Predigten wieder zugänglich sind, stammen aus dieser ersten Zeit. Darin heißt es:
»Der Mensch soll Gott in allen Dingen ergreifen und soll sein Gemüt daran gewöhnen, Gott allezeit gegenwärtig zu haben im Gemüt und im Streben und in der Liebe. Achte darauf, wie du deinem Gott zugekehrt bist, wenn du in der Kirche bist oder in der Zelle: Diese selbe Gestimmtheit behalte und trage sie unter die Menge und in die Unruhe und in die Ungleichheit.«
Die mystische Ausrichtung, die aus diesen Zeilen spricht, ist unverkennbar. In der Gottesgegenwart leben, und zwar unabhängig von dem augenblicklichen Aufenthaltsort, auch unabhängig von der jeweiligen Tätigkeit, – das ist das eine. Zum andern gilt es, in dieser »Gestimmtheit« – es ist viel mehr als nur eine Stimmung! – in den Alltag hineinzugehen und in ihm zu wirken. Denn nicht weltflüchtiges Nichtstun kennzeichnet die mystische Grundhaltung eines Meisters Eckhart; kommt es doch gerade darauf an, »in allen Dingen«, in allen Verrichtungen, in allen Lebenssituationen Gott zu »ergreifen«. Im Nächstliegenden fängt der Gottesdienst an! Man könnte allenfalls darauf hinweisen, daß dies keinesfalls allein eine eckhartsche Lehre sei. Kennen wir sie nicht auch aus dem Zen-Buddhismus; kennen wir sie nicht ebenso von dem Baal-Schem-Tow und seinen chassidischen Gefolgsleuten? (Unnötig die Beteuerung, daß derlei Hinweise nicht im Sinne einer Nivelierung dessen gemeint sein können, was man eine mystische Lebenslehre nennt.)

Als Lehrer und Seelenführer

Um das Jahr 1300 sendet die Ordensleitung den Bruder Eckhart nach Paris, in das damalige Zentrum der scholastischen Gelehrsamkeit. Er hat dort Vorlesungen zu halten und seine eigene philosophisch-theologische Bildung zu vervollkommnen. Er wird zum Magister (Professor) der Theologie promoviert. Man schreibt das Jahr 1302. Von da an trägt Eckhart den akademischen Titel eines »Meisters«. Schon Thomas von Aquin, sein älterer Ordensbruder, die Leuchte der Scholastik, hat ein Menschenalter vor Eckhart in Paris seine Magister-Promotion erhalten, ehe er daran gehen konnte, seine berühmte »Summe der Theologie« in Angriff zu nehmen.

Meister Eckhart stellt sich in die große Tradition hinein, die über Thomas von Aquin und Albertus Magnus zurückreicht zu den Trägern der platonisch-neuplatonischen Philosophie, nämlich über Hugo und Richard von Sankt Viktor, über Skotus Eriugena, über den geheimnisvollen Dionysius Areopagita * bis hin zu Plotin und Platon. Nicht zu vergessen den Kirchenvater Augustinus, den Eckhart in seinen Schriften viele Male wörtlich zitiert.

Diese großen Geister, deren Denken durch die Züge eines geistigen Schauens und eines intuitiven Wahrnehmens geprägt ist und somit bereits mystische Züge trägt, bilden die geistige Ahnenkette dessen, der nicht länger als bloßer »Lesemeister« – das heißt als

* Hierzu Dionysius Areopagita: Ich schaute Gott im Schweigen. Mystische Texte der Gotteserfahrung, hrg. von Volkmar Keil. Herderbücherei 1221.

ein literarisch Abhängiger – auf diese Tradition zurückblickt, sondern der aus eigener höherer Wahrnehmung heraus zu einem mystischen »Lebemeister« gereift ist. Gemeint ist ein »Täter des Wortes« im Sinne des Apostelwortes, ein spiritueller Praktiker. Und die Ergebnisse dieser Reife darf er nicht für sich behalten. Er muß sie weitergeben, indem er sie als Lehrer seinen jüngeren Ordensbrüdern und als Seelenführer den ihm anvertrauten Menschen mitteilt.

Der Orden ruft den Hochbegabten wieder in die Heimat zurück. Immer neue Dominikaner- und Dominikanerinnen-Klöster sind in Deutschland entstanden. Sie verlangen eine Führung, die über das Organisatorische und über die Durchführung eines äußeren Reglements weit hinausgeht. Eckhart wird mit dem Amt eines Ordensprovinzials für Sachsen und dem eines Ordensvikars für Böhmen betraut. In dieser Eigenschaft ist er viel unterwegs, indem er von Kloster zu Kloster pilgert, um nach dem Rechten zu sehen. Das »Buch der göttlichen Tröstung« entsteht. Es ist Agnes, der Königin von Ungarn, gewidmet, nachdem ihr Vater, Albrecht I. von Habsburg, 1308 ermordet worden ist.

Nach dem zweiten Paris-Aufenthalt finden wir Eckhart in Straßburg, von wo aus er bis 1322 die dominikanischen Frauenklöster im Elsaß und in der benachbarten Schweiz betreut. Schließlich wird er an die Ordenshochschule nach Köln berufen. Unter seinen Schülern und Predigthörern finden sich vermutlich auch zwei junge Ordensbrüder aus Südwestdeutschland, denen es bestimmt sein sollte, das mystische Feuer weiterzutragen. Der eine kommt aus Straßburg

und heißt Johannes Tauler, der andere ist der gebürtige Konstanzer Heinrich Seuse. Zumindest er hat sich in seinem eigenen schriftstellerischen Werk zu seinem Lehrer bekannt.
Die Kölner Zeit, die für den nunmehr sechzigjährigen Meister Eckhart anbricht, ist bald von einer tiefen Tragik überschattet. Mit kühnem, für viele mit allzu kühnem Adlerflug hatte er sich in Wort und Schrift über die Ebenen der geläufigen Normaltheologie erhoben. Oft ließ er den »Gemeindeglauben« weit unter sich, ohne sich freilich vom gemeinsamen Glaubensgrund der Christenheit lossagen zu wollen. Aber noch der heutige Leser der Eckhartschen Predigten mag sich bisweilen die Frage vorlegen, ob der Meister den Bogen mystischer Rede manchmal nicht doch überspannt habe und ob denn wenigstens die theologisch Gebildeten unter seinen Zuhörerinnen der sublimen Lehre des Predigers gewachsen gewesen sind. Im übrigen war und ist die spirituelle Strahlkraft Meister Eckharts nicht zu unterschätzen.*

Der Ketzerprozeß

So kommt es, wie es kommen mußte. Kritik an Meister Eckhart wird laut. Man bezichtigt ihn der Häresie. Auch der Kölner Erzbischof, Heinrich von Virneburg, sieht die Rechtgläubigkeit durch den einflußreichen Theologen gefährdet. Dabei muß man

* Hierzu ausführlicher Gerhard Wehr: Die deutsche Mystik. Mystische Erfahrung und theosophische Weltsicht. O. W. Barth Verlag München 1988.

wissen, daß zu dieser Zeit mancherlei »freie Geister« für Unruhe sorgen, indem sie das kirchliche Dogma in Frage stellen, sich über gängige Moralvorschriften hinwegsetzen und die kirchliche Hierarchie gering achten. Sollte der berühmte Meister, der geschätzte Prediger und Seelsorger selbst ein verkappter Freigeist sein? – Ein zeitgenössischer Spruch, der eher als Rühmung gemeint ist, enthält immerhin die Feststellung:

Der weise Meister Eckehart
Will uns vom Nichtse sagen.
Doch wer ihn nicht versteht,
Der mag es Gotte klagen ...

Im Jahre 1326 kommt es zum Lehrprozeß. Eine Anzahl von Sätzen aus verschiedenen Texten des Magisters werden als mit dem Dogma der Kirche in offensichtlichem Gegensatz befindlich erachtet. Andere, so heißt es in der Anklage, klingen häretisch und seien daher geeignet, die Ungebildeten zu verwirren.

Der Prediger ist in einer schwierigen Lage. Eckhart, der nie daran gedacht hat, den Glaubensgrund der allgemeinen Kirche zu verlassen oder in Frage zu stellen, auch in seinen gewagtesten Formulierungen nicht, sieht sich genötigt, die betreffenden Artikel zu verteidigen. Wir besitzen in seiner Verteidigungsschrift eine Art Selbstinterpretation dessen, was er wirklich gesagt und gemeint hat. Das bischöfliche Ketzergericht erkennt er jedoch ebensowenig an wie eine Reihe von Predigtnachschriften, die in der Tat mißverständlich oder lückenhaft sind. Dafür beruft sich der gelehrte Scholastiker auf die Universität ebenso wie auf den Papst – ein deutliches Zeichen dafür, welchen Autoritäten Meister Eckhart die erforderliche Kompetenz zutraut. Zwischen 1316 und 1334 regiert Papst Johannes XXII.

Doch ehe sich der um Rehabilitation bemühte Greis auf die lange Reise nach Avignon zum Sitz des Papstes begibt, läßt er in der Kölner Dominikanerkirche seine Rechtfertigungsschrift in deutscher und lateinischer Sprache öffentlich verlesen. Das geschieht am 13. Februar 1327. Er beteuert als »Doktor der heiligen Theologie«, daß er jeden Glaubensirrtum, auch jede Sittenverderbnis, die daraus erwachsen könnte, verabscheue. Wörtlich heißt es da:

»Wenn also etwas Irrtümliches in der Glaubens- und Sittenlehre gefunden werden sollte, das ich geschrieben, gesagt oder gepredigt habe, heimlich oder öffentlich, irgendwann oder irgendwo, unmittelbar oder mittelbar, nach weniger gesunder Lehre oder falscher, so widerrufe ich ausdrücklich hier öffentlich vor euch allen und jedem einzelnen hier Gegenwärtigen, daß ich von nun an solches für nicht gesagt und nicht geschrieben haben will, besonders auch, weil ich höre, daß ich falsch verstanden worden bin.«

Schon wenige Tage später verwirft der Papst die an ihn gerichtete Appellation. Das Ketzergericht nimmt seinen Fortgang. Freilich müssen die untersuchenden Theologen von der ursprünglichen Anklage erhebliche Abstriche machen. Statt anfangs mehr als einhundert, sind es schließlich nur noch 28 Sätze, deren häretischer Charakter als erwiesen erachtet wird. Im

März des Jahres 1329 erläßt Johannes XXII. seine feierliche Verurteilungsbulle »In agro dominico – Auf dem Acker des Herrn«. Mit dem Anspruch, Hüter und Arbeiter auf dem Acker des Herrn zu sein, dem es aufgetragen sei, vor gefährlichem Unkraut zu schützen, tut er Heilige Vater kund und zu wissen, »... daß in dieser Zeit einer aus deutschen Landen, Eckehart mit Namen, und, wie es heißt, Doktor und Professor der Heiligen Schriften, aus dem Orden der Predigerbrüder (Dominikaner), mehr wissen wollte als nötig war, und nicht entsprechend der Besonnenheit und nach der Richtschnur des Glaubens zahlreiche Lehrsätze vorgetragen, die den wahren Glauben in vieler Herzen vernebeln, die er hauptsächlich vor dem einfachen Volke in seinen Predigten lehrte und die er auch in Schriften niedergelegt hat ...«
Doch den also Verurteilten erreicht die päpstliche Bulle nicht mehr. Meister Eckhart war schon verstorben. Das Datum ist nicht mit Sicherheit zu ermitteln. Vermutet wird der April des Jahres 1328. Ungewiß ist auch der Sterbeort, möglicherweise ist es Avignon oder Köln. Um so größer ist Eckharts Gewißheit, die Gewißheit des in Gott lebenden, von der Gottheit ergriffenen Menschen. Von ihm heißt es in der zehnten der verurteilten Thesen, die die Zuversicht ihres Autors ausspricht: »Wir werden völlig in Gott umgeformt und in ihn verwandelt; auf gleiche Weise, wie im Sakrament das Brot verwandelt wird in den Leib Christi, so werde ich in ihn verwandelt, daß er selbst mich hervorbringt als sein Sein als Eines, nicht (etwa nur) als Gleiches. Beim lebendigen Gott ist es wahr, daß da kein Unterschied besteht!«

Sieht man einmal davon ab, daß einzelne Sätze nur unter Berücksichtigung des Zusammenhangs beurteilt werden können, in dem sie stehen, so ist andererseits klar, daß sie sich nicht mit dem Schlüssel der rationalen Analyse aufschließen lassen. Man muß die einzelnen Aussagen auf sich wirken lassen. Man muß sich ihrer spirituellen Strahlkraft aussetzen, bis sich etwas von der Innenerfahrung mitteilt, die ihnen innewohnt. Und die Mitte des christlichen Mysteriums verläßt Eckhart nie, auch und gerade dann nicht, wenn er sich scheinbar allzu frei über das erlernbare Katechismus-Wissen hinwegsetzt. Nicht ohne Grund betont ein so bedeutender Eckhart-Kenner wie Josef Koch:

»Es gibt wohl kein größeres Mißverständnis Eckharts, als wenn man ihn für einen Freigeist hält, der die Dogmen der Kirche verwirft und seine eigene Religion neu schafft. Er lebt vielmehr im christlichen Mysterium und versucht von hier aus auch die Dinge der niederen und vergänglichen Welt zu verstehen.«

Innere Gewißheit

Wenn das so ist, dann stellt sich die Frage, was denn Mystiker vom Range eines Meisters Eckhart befähige, überhaupt etwas von dem Geheimnisgrund auszusagen, da alle Rede von Gott nur »gebrochene Rede« sein kann und nie das letzte, das endgültige Wort. Die Antwort, die sich bei Eckhart findet, lautet: Der »Ort«, an dem der Mensch der Heilstat Gottes gewahr und gewiß wird, ist das »Seelenfünklein«,

etwa wenn er (in der Predigt über Jeremia 7: Steh in der Tür) sagt:
»Das Fünklein der Seele, das da geschaffen ist von Gott und ein Licht ist, von oben her eingedrückt, es ist ein Bild göttlicher Natur, das allezeit allem widerstreitet, das nicht göttlich ist ...«
Und wiewohl Geist von seinem, nämlich Gottes Geist, ist dieser Seelenfunke doch niemals voll identisch mit seinem Schöpfer, so überwältigend die Gewißheit dessen ist, was der Mystiker in der Gottverbundenheit erfährt. Diese Gewißheit kann und darf er nicht für sich behalten. Er muß sie bezeugen, so unaussprechlich sie ist. In einer seiner deutschen Predigten heißt es einmal:
»Wer diese Predigt verstanden hat, dem vergönne ich sie wohl. Wäre hier aber niemand gewesen, ich hätte sie diesem (Opfer-)Stock predigen müssen.«
Es ist bisweilen gefragt worden, ob Eckhart überhaupt eigene mystische Erfahrungen gemacht hat oder ob er »nur« über das mystische Erleben reflektiert. Man könnte zurückfragen: »Wird etwa ein Mensch zu solchem Predigen-*Müssen* genötigt, ohne vom Geistfeuer Gottes ergriffen zu sein? – Immerhin, Eckhart hatte es nicht nötig, lediglich einem Opferstock in einer leeren Kirche zu predigen. Selbst die bei den Ketzerrichtern erzeugte Unruhe ist ein deutliches Indiz für die nachhaltige Wirkung seines gesprochenen, namentlich von Zuhörerinnen aufgeschriebenen Wortes.

Es ist wohl mit Recht darauf hingewiesen worden, daß man die allerersten Empfänger oder Hörer der Reden Eckharts im Blick behalten müsse. Es waren vor allem Nonnen, also Angehörige eines geistlichen Ordens, die sich für einen spirituell ausgerichteten Lebensweg entschieden haben. Sie nahmen auf sich die mönchischen Gelübde der Armut, der Ehelosigkeit und des Gehorsams. Wenn der Prediger nun den wahren und vollkommenen Gehorsam als eine »Tugend vor anderen Tugenden« preist; wenn er weiter sagt, daß jedes Werk diese Tugend zur Voraussetzung habe, dann erinnert er zunächst einmal an die Lebensentscheidung, die er selbst als Dominikaner in gleicher Weise getroffen hat.

Doch dabei bleibt er nicht stehen. Er predigt nicht etwa einen selbstgenügsamen, blinden Kadavergehorsam. In seinem Traktat »Vom wahren Gehorsam« schreibt er:

»Wo der Mensch in Gehorsam aus seinem Ich – gemeint ist: aus seinem niederen Ego – herausgeht und sich dem Seinen entschlägt, ebenda muß Gott notgedrungen hinwiederum eingehen.«

Und weiter: »Darin, wo ich von meinem Ich lasse, da muß er für mich notwendig alles das wollen, was er für sich selber will, nicht weniger noch mehr.«

Diese Erinnerung an das Gelübde des Gehorsams entspricht somit einem Appell, das ganze Leben und alles Tun – wo immer man stehe – als eine Übung zu betrachten. Der Alltag ist der Ort solcher Übung. Darauf zielt das angeführte Wort, wonach es gelte, Gott »in allen Dingen« zu ergreifen. Diese Übung entspricht dem Stadium der »via purgativa« (Weg der Reinigung), die die Eingangsphase des mystischen Weges darstellt. Sind die »Reden der Unterweisung« auf die Einübung in die religiös ausgerichtete Alltagspraxis bezogen, indem sie das Tun, das innere wie das äußere Werk anregen und als eine Einheit begreiflich machen wollen, so führt das bereits erwähnte »Buch der göttlichen Tröstung« einen Schritt weiter. Da sind es eine Reihe von Trostgründen, dank deren Kenntnis der Christ befähigt werden soll, die Leiden dieser Zeit und seines persönlichen Schicksals nicht als blindes Verhängnis, sondern als eine Gottesschickung auf sich zu nehmen. Eckharts Gedankengang ist der: Wenn ich in Gott bin, dann ist auch mein Leiden in Gott; ja mein Leiden ist eine Teilhabe an dem Leiden Gottes. Welch eine Solidarität! So kann Mystik begriffen werden als ein Weg der bejahenden Leidüberwindung.

Von der Jungfräulichkeit der Seele

Meister Eckhart predigte deutsch. Diese Tatsache begründet ein Ereignis, das in der Geschichte des deutschen Geistes nicht hoch genug veranschlagt werden kann. Man denke nur an Luthers Bibel-Verdeutschung oder auch an die Lehrweise des Paracelsus, der sich im 16. Jahrhundert ebenfalls seiner Muttersprache bedient hat. Von derselben Tatsache her erklärt sich nicht zuletzt auch Eckharts Berühmtheit. In seinen deutschen Predigten erhebt er sich nicht nur in die Höhen mystischer Schau, sondern er gewinnt auch ein besonderes Maß an Innigkeit bildhafter Eindrücklichkeit.

Nehmen wir als Beispiel die Predigt zum 10. Kapitel aus dem Lukasevangelium, wo von Jesus berichtet wird, wie er das Schwesternpaar Maria und Martha besucht, das in einem Dorf wohnt. Bemerkenswerterweise setzt sich Eckhart über den neutestamentlichen Wortlaut hinweg. Er spricht von einem »Bürglein« oder »Burgstädtchen« und: »... er ward empfangen von einer Jungfrau, die ein Weib (verheiratete Frau) war.«

Die Formulierung Eckharts muß als eigenwillig bezeichnet werden. Die Auslegung, die er einem solchen Satz angedeihen läßt, ist der heutigen Praxis der Bibelauslegung ziemlich fremd *. Ihm geht es im wesentlichen darum, allegorisch zu interpretieren. Das heißt, die einzelnen Worte, Begriffe, Orte oder Personen sind so aufzuschlüsseln, daß sie jeweils als Bildausdruck für eine spirituelle Wirklichkeit begriffen werden. Nun wird die Seele seit alters als ein weiblich-empfangendes Wesen angesehen. Eckhart unterscheidet gemäß seiner Umformung des Evangelientextes zwei verschiedene weibliche Gestalten: die Jungfrau und die Ehefrau (das Weib).

Das will besagen: »Jungfrau« steht für die Seele, die wie Maria, »des Herrn Magd«, bereit ist, die Gabe des Heiligen Geistes zu empfangen. Der Prediger erweitert diesen Schriftsinn auf *jeden* Menschen, der in dieser Seelenhaltung aufnahmebereit ist und »frei von allen fremden, vergänglichen Bildern«, die dem Geistempfang entgegenstehen. Darin erblickt er die Mal um Mal herzustellende Jungfräulichkeit der Seele, die er im Bild eines »Burgstädtchens« ausge-

* Vgl. auch Gerhard Wehr: Meister Eckhart in Selbstzeugnissen und Bilddokumenten. Rowohlt Monographie 376, S. 80ff.

drückt sieht. Es gilt frei und ledig zu werden, was wiederum der »Reinigung« (via purgativa) vor der »Erleuchtung« (via illuminativa) und vor der »Vereinigung« (via unitiva) entspricht.
Aber obwohl er selbst ehelos lebt und in diesem Moment möglicherweise Ordensfrauen predigt, zögert er nicht, das »Weib«-Sein, die eheliche Verbindung höher zu schätzen als die bloße Jungfräulichkeit. Denn Aufnahmebereitschaft (im spirituellen Sinn, auf den es hier ankommt), genügt nicht. Die Reife und Fruchtbarkeit muß hinzukommen, soll das ersehnte Ereignis eintreten, das in den Eckhartschen Predigten immer wieder besprochen wird: die Gottesgeburt im Seelengrund. Insofern kommt der Christus tatsächlich nur zu einer »Jungfrau, die ein Weib ist«. Denn das ist der Wille Gottes, daß er als der ewige Vater seinen Sohn »ohne Unterlaß« in der Seele des Menschen geboren werden läßt.
Mit anderen Worten: Was im Sinne des paulinischen Galaterbriefs »in der Fülle der Zeit« (Gal. 4,4) in Palästina geschah, was der Maria als der Mutter des historischen Jesus widerfuhr, das bleibt nicht nur ein einmaliges Geschichtsereignis. Es wird vielmehr zu einer »mystischen Tatsache«. Als solche ist sie nicht weniger einzigartig, aber sie ist nicht mehr nur auf einen bestimmten historischen Menschen beschränkt. Durch diese mystische Tatsache wird der »garstige Graben«, den die inzwischen zweitausendjährige Geschichte aufgerissen hat, überbrückt. »Gleichzeitigkeit« wird hergestellt. Denn, so läßt sich mit dem »Cherubinischen Wandersmann« des Angelus Silesius (Johannes Scheffler) sagen:

Wird Christus tausendmal zu Bethlehem geboren,
Und nicht in dir, *du bleibst doch ewiglich verloren.*
Das Kreuz von Golgatha kann dich nicht von dem Bösen,
Wenn es nicht auch in dir *wird aufgericht', erlösen.*

Sicher wird man nun nicht den Schluß ziehen dürfen, die »objektive« Heilstatsache werde von dem subjektiven Heilserleben des einzelnen abhängig gemacht. Die im Geist des philosophischen Realismus denkenden Mystiker des Dominikanerordens, und Meister Eckhart mit ihnen, hatten alles andere im Sinn als eine derartige Subjektivierung. Sie meinten die spirituelle *Realität,* freilich eine solche, die je und je in der inneren Erfahrung gläubige Gewißheit werden kann.

Nochmals, wo wird diese Gewißheit Ereignis? Eckhart sagt: im »Bürglein«, dem »Burgstädtchen«, und zwar in *Ein*falt, dem Gegensatz zu allem Zwiespältigen. Dadurch hebt sich die Seelenburg von anderen menschlichen Qualitäten ab. An dieser Stelle mag der Prediger seine Zuhörer besonders eindringlich gebeten haben, genau zuzuhören, als er fortfuhr:

»Mit *dem* Teile – eben mit dem Bürglein der Seele – ist die Seele Gott gleich, und sonst nicht!«

Unerhörtes ist damit ausgesprochen, mit Furcht und Zittern, zugleich mit unaussprechlicher Freude! Aber von frevlerischer Himmelsstürmerei keine Spur. Keine Spur von leichtfertigen Vergottungsspekulationen eines vermessenen Freigeistes! Wir müssen uns vielmehr klarmachen, daß hier ein Mensch seinen Geistesverwandten eine intime spirituelle Erfahrung anvertrauen möchte. Aber gibt es denn diese Geistesverwandten, einst und heute?

Mit dem Herzen erkennen

Als habe er den Eindruck, schon zuviel gesagt zu haben oder geistig-geistlich noch nicht Gereiften ein Mysterium zu früh anvertraut zu haben, fügt Meister Eckhart hinzu:
»Könntet ihr *mit meinem Herzen* erkennen, so verständet ihr wohl, was ich sage; denn es ist wahr und die Wahrheit sagt es selbst.« Damit aber diese sich selbst aussprechende Wahrheit vernommen werden kann, bedarf es eines adäquaten Erkenntnisorgans. Der Mensch selbst muß so tiefgreifend umgewandelt werden, daß er die Wesensgleichheit mit dem zu Erkennenden erreicht, genauer: daß er von der Erkenntnis ergriffen wird. Als ein dergestalt Ergriffener schreibt und spricht Meister Eckhart, etwa wenn er seine Armutspredigt (»Beati pauperes«) mit den Worten beschließt:
»Solange der Mensch dieser Wahrheit nicht gleicht, solange wird er diese Rede nicht verstehen. Denn es ist eine unverhüllte Wahrheit, die da gekommen ist aus dem Herzen Gottes unmittelbar.«
Diese Unmittelbarkeit kommt dort zustande, wo das geläufige Subjekt-Objekt-Denken durchbrochen wird; dort wo der Erkennende, Innewerdende sich in einen Prozeß der Wandlung hineinbegibt.
Deshalb bedarf es der Katharsis, der Reinigung, bevor das Stadium der Erleuchtung und zuhöchst das

Ziel des mystischen Weges, die »unio mystica«, die Verbindung mit Gott, erhofft werden darf. Dieses Vereinigtwerden korrespondiert mit der Gottesgeburt im Seelengrund. Das ist das große Thema, das Meister Eckhart stets umkreist. Seine Texte laden ein, auf dem Weg der meditativen »Innerung« an diesem Prozeß teilzuhaben, der den Menschen in der Hinkehr zu Gott sein wahres Selbst finden läßt. Hierbei gibt uns Eckhart zu bedenken:

»Was immer zu Gott kommt,
das wird verwandelt;
so geringwertig es auch sei,
wenn wir es zu Gott bringen,
so entfällt es sich selbst.«

Zu den Texten

Die Übersetzung aus dem Mittelhochdeutschen erfolgt auf der Basis folgender Vorlagen:

1. Deutsche Mystiker des 14. Jahrhunderts. Band 2: Meister Eckhart, hrsg. von Franz Pfeiffer. Leipzig 1957; Aalen 1962 – *Pfeiffer*
2. Meister Eckhart: Die deutschen Werke, hrsg. von Josef Quint. Stuttgart 1936 ff. – *DW*
3. Meister Eckharts Buch der göttlichen Tröstung und von dem edlen Menschen (Liber ›Benedictus‹), hrsg. von Josef Quint. Berlin 1952 (Kleine Texte für Vorlesungen und Übungen 55) – *BgT*

Sofern nicht anders angegeben, erfolgt die zweite Quellenangabe nach der leicht zugänglichen Übersetzung von Josef Quint: Meister Eckehart. Deutsche Predigten und Traktate. München ²1963, z. B. – (140)
Die Überschriften zu den Abschnitten stammen vom Herausgeber.

Vom edlen Menschen

Vom Adel des inneren Menschen

In uns ist noch ein anderer Mensch; es ist der innere Mensch. Den heißt die Schrift den neuen Menschen, einen jungen Menschen, einen Freund und einen edlen Menschen.

BgT 67 – (140)

Es ist der innere Mensch, von dem unser Herr spricht, wenn er sagt: ›Es zog ein Mensch aus in ein fernes Land, um ein Reich zu erlangen ...‹

Das ist der gute Baum, von dem unser Herr sagt, daß er allezeit gute und nie böse Frucht bringt, denn er neigt zum Guten; zum Guten an sich, unberührt vom Dies und Das. – Der äußere Mensch aber ist der böse Baum, der nimmermehr gute Frucht zu bringen vermag.

BgT 69 – (141).

Stufen des inneren Menschen

Die *erste Stufe* des inneren und des neuen Menschen – so spricht St. Augustinus – ist es, wenn der Mensch lebt nach dem Vorbild guter und heiliger Leute, wenn er gleichsam noch an den Stühlen entlanggeht und sich nahe der Wand hält und sich noch mit Milch(speise) labt.

Die *zweite Stufe* ist, wenn er nicht allein auf die großen Vorbilder blickt, sondern wenn er der Lehre zueilt, nämlich zum Rat Gottes und zur göttlichen Weisheit, der Menschheit den Rücken, das Antlitz aber Gott zuwendet, der Mutter aus dem Schoß kriecht und den himmlischen Vater anlacht.

Die *dritte Stufe* ist es, wenn sich der Mensch mehr und mehr der Mutter entzieht, sich ihrem Schoß mehr und mehr entfernt, der Sorge entflieht, die Furcht abwirft; wenn einer, ohne bei den Leuten Ärgernis zu erregen, Unrecht tun könnte, was ihn aber doch nicht gelüstet zu tun. Denn er ist in Liebe so stark mit Gott verbunden und voll Eifer, bis der ihn in Freude, Süßigkeit und Seligkeit hineinführt, wo ihm all das zuwider ist, was (den Menschen) von Gott entfernt und entfremdet.

Die *vierte Stufe* ist, wenn er mehr und mehr zunimmt, in der Liebe und in Gott zu sein; wenn er auch bereit ist, anzunehmen alle Anfechtung, Versuchung, Widerwärtigkeit und Leid zu erleiden, und zwar willig und gern, (geradezu) begierig und fröhlich.

Die *fünfte Stufe* ist, wenn er allezeit mit sich selbst in Frieden lebt, wenn er still ruht im Reichtum und Überfluß der obersten, unaussprechlichen Weisheit.

Die *sechste Stufe* ist es, wenn er sowohl entbildet (dem Vergänglichen) als auch überbildet ist von Gottes Ewigkeit, wenn er angelangt ist im vollkommenen Vergessen des vergänglichen und zeitlichen Lebens; wenn er angezogen und hinüberverwandelt ist in sein göttliches Bild, also Gottes Kind geworden ist.
Eine weitere, noch höhere Stufe gibt es nicht. Denn auf dieser herrscht ewige Ruhe und Seligkeit. Und die Vollendung des inneren wie des neuen Menschen ist das ewige Leben.

BgT 71 – (142 f.)

Gottes Bild im Menschen

St. Augustinus spricht: Wenn des Menschen Seele sich ganz hinaufkehrt in die Ewigkeit, in Gott allein, so erscheint und leuchtet auf das Bild Gottes. Wenn sich aber die Seele nach außen kehrt, und seien es selbst äußerliche Tugendübungen, so wird dies Bild völlig verdeckt.
All das von der Seele, das sich hinunterwendet, das nimmt das an, dem es sich dabei zuwendet, (im Bild gesprochen:) es nimmt eine Decke oder eine Art Kopftuch. Was sich aber von der Seele hinaufwendet, das ist ein bloßes Bild Gottes; das ist Gottes Geburt, ganz unverdeckt und bloß in bloßer Seele.
Von dem edlen Menschen – als Gottes Bild, als Gottes Sohn, als göttliche Natur in uns – es kann uns nimmer zerstört werden, nur verdeckt mag es (dann und wann) sein.

BgT 73 – (144)

»Achtet nicht – spricht das Buch der Liebe (d.h. das Hohelied 1,5) – darauf, daß ich braun bin; ich bin dennoch schön und wohlgestaltet, aber die Sonne hat mich verfärbt.«
Die Sonne ist das Licht dieser Welt und bedeutet das Höchste und das Beste, das da geschaffen und gemacht ist. Sie verdeckt und verfärbt das Bild Gottes in uns.
»Entfernt – spricht Salomo (in den Sprüchen 25,4) – den Rost von dem Silber, dann leuchtet und glänzt das allerblankeste Gefäß«, nämlich das (Ur-)Bild, Gottes Sohn, in der Seele. Und das ist es, was unser Herr mit jenen Worten meint, wenn er spricht, daß ein edler Mensch über Land ging. Denn der Mensch muß aus allen Bildern und aus seinem (niederen) Ich ausgehen und all dem gar fern und ungleich werden, wenn er den Sohn aufnehmen, ja wenn er der Sohn werden will, in des Vaters Schoß und in des Vaters Herzen.

BgT 74 – (144f.)

Sei eins, damit du Gott mögst finden!

BgT 75 – (145)

Abenderkenntnis und Morgenerkenntnis

Es gibt noch eine andere Weise der Erklärung und Belehrung, was unser Herr einen »edlen Menschen« nennt. Man soll auch wissen, daß wer Gott klar erkennt, der erkennt mit ihm auch die Kreaturen. Denn (diese) Erkenntnis ist ein Licht der Seele. Und zu erkennen begehren alle Menschen von Natur aus, ja selbst das Böse erkennen, ist an sich gut.
Nun sagen die Meister: Erkennt man die Kreatur von ihr her, so nennt man das eine Abenderkenntnis, und da erblickt man die Kreatur in recht unterschiedlichen Bildern. Wenn man die Kreaturen in Gott (von Gott her) erkennt, so heißt und ist das eine Morgenerkenntnis. Und dabei schaut man die Kreaturen ohne alle Unterschiede und alle Bilder entbildet, auch aller Gleichheit entnommen, und zwar in dem Einen, das Gott selber ist.
Dies ist auch der edle Mensch, von dem unser Herr spricht: »ein edler Mensch ging aus ...« Er ist darum edel, daß er Eins ist und daß er Gott samt der Kreatur in einem erkennt.

BgT 76 – (146)

Wissen, daß man Gott erkennt

Der Mensch erkennt sich selber ebensowenig wie die anderen Dinge; das tut nur Gott allein ... Wenn aber die Seele erkennt, daß sie Gott erkennt, so erkennt sie sowohl Gott wie sich selbst.
Gottes Schauen und unser Schauen sind einander ganz fern und ungleich. Darum sagt unser Herr gar wohl, daß ein Mensch hinausging in ein fernes Land, sich ein Reich zu gewinnen, und zurückkam. Denn der Mensch muß in sich selber eins sein und muß das in sich suchen und in dem Einen; auch muß er empfangen in dem Einen, das heißt: Gott allein schauen. Und »zurückkommen« (nach dem Gang ins ferne Land), das bedeutet: wissen und erkennen, daß man Gott erkennt und dies auch weiß.
Ich, so spricht unser Herr in dem Propheten Hosea, will die Seele in eine Einöde führen und da will ich in ihr Herz hineinsprechen ... Der Eine in dem Einen ewiglich. Amen.

BgT 79f. – (148f.)

Worte der Unterweisung

Mit Vollmacht beten – mit Vollmacht wirken

Das kräftigste Gebet und das wohl allermächtigste, alle Dinge zu erlangen, auch das allerwürdigste Werk vor allen Dingen ist jenes, das aus einem ledigen Gemüt hervorgeht. Je lediger es ist, desto kräftiger, würdiger, inniger, löblicher und vollkommener sind das Gebet und das Werk. Das ledige Gemüt vermag alle Dinge.

Doch was ist ein lediges Gemüt?

Das ist ein lediges Gemüt, das durch nichts belastet oder beirrt ist, auch an nichts gebunden ist, das in keinerlei Weise das Seine im Sinne hat, vielmehr ein solches Gemüt, das in den liebsten Willen Gottes eingesenkt ist und sich des Seinen entäußert hat. Nie mag der Mensch ein noch so geringes Werk wirken, das nicht hieraus – eben aus einem ledigen Gemüt heraus – seine Kraft und sein Vermögen schöpft.

So kraftvoll soll man beten, daß man begehrte, alle Glieder und Kräfte seien dem zugekehrt; Augen und Ohren, Herz, Mund und alle Sinne. Und nicht soll man aufhören, man *empfinde* denn, daß man sich mit dem vereinen will, den man gegenwärtig hat und den man anbetet, das ist: Gott.

Pfeiffer 544, 27 ff. – (54 f.)

(In allem steckt noch dein Eigenwille). Ob dir's bewußt oder unbewußt ist – nie steht ein Unfriede in dir auf, der nicht vom Eigenwillen kommt, ob man es merkt oder nicht.
Nicht das ist schuld, daß dich die Umstände oder die Dinge hindern; sondern *du selbst* bist es in den Dingen, der dich hindert. Denn du verhältst dich in ungeordneter Weise zu den Dingen.
Darum beginne zuerst bei dir und *laß dich!*
Wahrhaftig, es sei denn, du ergreifst zuerst vor dir selbst die Flucht, und wohin du auch fliehen magst, du findest nur Hindernisse und Unfrieden, es sei, wo immer es sei. Die Leute, die Frieden suchen in äußeren Dingen, es sei an bestimmten Stätten oder in bestimmten Verhältnissen, bei Leuten oder in Werken, in der Fremde, Armut oder Schmach – wie groß oder was immer es sei, es ist dennoch alles nichts und verleiht keinen Frieden.
Sie suchen auf unrechte Weise, die so suchen. Je weiter sie hinausgehen, desto weniger finden sie, was sie suchen. Sie gehen wie einer, der seinen Weg verfehlt; je weiter er geht, desto mehr geht er in die Irre. Doch, was soll er nun tun? – Zuerst soll er *sich selber lassen,* dann hat er alle Dinge gelassen.
Wahrhaftig, ließe ein Mensch von einem Königreich ab oder von der ganzen Welt, behielte aber sich selbst, so hätte er noch nichts gelassen. (Andererseits:) Läßt der Mensch von sich selbst und behält dann etwas, es sei Reichtum, Ehre oder sonst etwas, so hat er (dennoch) alle Dinge gelassen …

Was du nicht begehren willst, das hast du alles hingegeben und gelassen im Willen Gottes. Darum sprach unser Herr: ›Selig sind die Armen im Geiste‹, das ist: arm an Willen. Und hieran soll niemand zweifeln: Gäbe es eine bessere Weise, unser Herr hätte sie empfohlen, als er weiter sagte: ›Wer mir will nachfolgen, der gebe zuerst sich selbst auf.‹ Daran liegt alles. Also: Achte auf dich selbst, und wo du dich (mit deinem Eigenwillen) findest, da laß dich! Das ist das Allerbeste.

Pfeiffer 545, 11 f. – (55 f.)

Vom Irrtum der Werkgerechtigkeit – Haben oder Sein

Die Leute brauchten nicht so viel nachzudenken, was sie *tun* sollen, sondern sie sollten nachdenken, was sie *seien.* Wären nun die Leute gut und auch ihre Weise (zu leben), so könnten ihre Werke sehr leuchten. Bist du gerecht, so sind auch deine Werke gerecht.
Nicht gedenke Heiligkeit zu gründen auf ein *Tun;* Heiligkeit soll man gründen auf ein *Sein,* denn die Werke heiligen nicht uns, sondern wir sollen die Werke heiligen.
Wie (angeblich) heilig die Werke immer sein mögen, so heiligen sie uns nicht, da sie eben Werke sind. Mehr noch: Sofern wir *sind* und am Sein teilhaben, in dem Maße heiligen wir alle unsere Werke, es sei Essen, Schlafen, Wachen oder was es sonst sei.
Die aber nicht am großen Sein teilhaben, welche Werke sie auch wirken mögen, aus denen wird nichts. So merke hier, daß man allen Fleiß darauf setzen soll, daß man gut sei; und nicht so sehr, was man tue oder von welcher Art die Werke sind, sondern wie der Grund der Werke ist.

Pfeiffer 546, 19f. – (57)

Daß dir Gott groß werde

Die Ursache, an der es liegt, daß des Menschen Sein und Grund völlig gut sei, liegt darin, daß des Menschen Gemüt gänzlich zu Gott hingekehrt sei. Darauf setze nun all dein Bemühen, daß dir Gott groß werde, und daß all dein Ernst und Fleiß auf ihn gerichtet sei in all deinen Werken und in all deinem Lassen. In Wahrheit, je mehr du an (dieser Einstellung) hast, desto besser geraten all deine Werke, was sie auch sein mögen.
Hafte Gott an, so heftet er dir alles Gutsein an. Suche Gott, so findest du Gott und alles Gutsein. Ja, in Wahrheit, du könntest in solcher Einstellung auf einen Stein treten und es wäre schon ein göttlicheres Werk, als wenn du den Leib des Herrn (im Sakrament) empfingst, falls deine Gesinnung weniger abgeschieden wäre.
Wer Gott anhaftet, der heftet sich Gott an und alle Tugend. Und was du zuvor gesucht hast, das sucht nun dich. Und was du zuvor verfolgt hast, das verfolgt nun dich; und was du zuvor geflohen bist, das flieht nun dich. Deshalb: wer göttlich an Gott haftet, dem heftet sich alles an, das göttlich ist, und fliehet alles, das (diesem) fern und fremd ist.

Pfeiffer 546, 33 f. – (58)

An keinen Ort gebunden – stets Gott im Sinn

Ich wurde gefragt: Etliche Leute zögen sich ganz von den Menschen zurück und wären gern allein, ihr Friede läge daran; auch daß sie sich (stets) in der Kirche aufhielten, ob das das beste wäre.
Da sprach ich: Nein! Nun merke auf, warum:
Wahrhaftig, mit wem es recht steht, dem ist es an allen Orten und bei allen Leuten recht. Mit wem es aber nicht stimmt, dem ist es an allen Orten und bei allen Leuten nicht recht. Mit wem es nun recht bestellt ist, der hat wahrhaftig Gott bei sich. Wer nun Gott wahrhaftig hat, der hat ihn an allen Orten, auf der Straße und bei allen Leuten ebenso wie in der Kirche, in der Einöde oder in der Zelle; wenn anders er ihn nur recht hat und nur ihn hat, so kann ihn niemand hindern.
Warum wohl?
Er hat doch allein Gott; er hat allein Gott im Sinn, und die Dinge werden ihm geradezu lauter Gott. Dieser Mensch trägt Gott in all seinen Werken und an allen Orten, und des Menschen ganzes Wirken, das wirkt allein Gott selbst. Denn wer das Werk verursacht, dem gehört das Werk eigentümlicher und wirklicher als dem, der es ausführt.
Haben wir so Gott lauter und allein im Sinn, so muß wahrhaftig *er* unser Werk wirken; und an seinen Werken allen kann ihn niemand hindern, weder eine Menge (Menschen) noch ein (bestimmter) Ort.

Pfeiffer 547, 14f. – (58f.)

In allen Dingen Gott ergreifen

Den (mit Gott geeinten) Menschen kann nichts in die Mannigfaltigkeit hinein zerstreuen, denn er ist *eins in dem Einen,* in dem das Mannigfaltige aufgehoben ist und wo es keine Mannigfaltigkeit mehr gibt.
Der Mensch soll *Gott annehmen in allen Dingen* und soll sein Gemüt daran gewöhnen, daß er allezeit Gott gegenwärtig habe im Gemüte, in der Gesinnung und in der Liebe.
Achte darauf, wie du zu deinem Gott stehst, etwa in der Kirche oder in der Zelle. Dieselbe Verfassung behalte und trage sie dann unter die Menge und in die Unruhe und in die Ungleichheit (der Welt) ...
Wenn man von ›Gleichheit‹ spricht, so heißt das nicht, daß alle Werke gleich geachtet werden sollen, auch nicht alle Orte oder alle Leute. Das wäre gar unrecht. Denn es ist wohl ein besseres Werk zu beten als zu spinnen; denn es wäre die Kirche eine würdigere Stätte als die Straße. Aber in den Werken sollst du eine gleiche Gemütsverfassung haben, ein gleichmäßiges Vertrauen zu Gott und einen gleichen Ernst. Wahrhaftig, wärest du auf diese Weise gleich, niemand hinderte dich daran, deinen Gott gegenwärtig bei dir zu haben.
Aber wem Gott in Wahrheit nicht innewohnt, sondern wer Gott gleichsam von außen nehmen muß, (bald) in dem, (bald) in jenem, und er also in ungleicher Weise Gott sucht, es sei (in Gestalt) von Werken, Leuten oder Orten, der hat Gott nicht. Und es mag leicht etwas geben, was den Menschen dann hindert, hat er doch Gott nicht, sucht ihn nicht allein, liebt

und meint ihn nicht allein. Darum hindern ihn nicht etwa allein eine böse Gesellschaft, sondern auch die gute Gesellschaft, nicht allein die Straße, sondern auch die Kirche, nicht allein böse Worte und Werke, sondern sogar auch gute Worte und Werke. Denn das (eigentliche) Hindernis ist *in ihm;* in ihm ist dann zu Gott noch nicht alles geworden. Wäre er nämlich in ihm, so fühlte er sich an allen Orten und bei allen Leuten gar recht wohl, denn er hätte Gott, und niemand könnte ihm den nehmen noch sein Werk hindern.

Pfeiffer 547, 35 f. – (59 f.)

Entweder soll der Mensch lernen, Gott in allen Werken zu ergreifen oder er soll alle Dinge und Werke lassen. Da nun der Mensch in diesem Leben ohne Werk nicht sein kann, was ja menschlich ist, daher lerne der Mensch seinen *Gott in allen Dingen annehmen* und in allen Werken sowie an allen Stätten ungehindert bleiben. Und darum: Wenn der anfangende Mensch etwas wirken soll bei den Leuten, so soll er sich zuvor kräftig mit Gott erfüllen, ihn in sein Herz tief einprägen, all seine Sinne, Gedanken, Willen und Vermögen mit ihm vereinen, damit sich im Menschen nichts anderes einniste.

Pfeiffer 550, 35 f. – (63)

Vom nur gedachten zum wesenhaften Gott

Woran liegt nun die wahre Teilhabe an Gott, daß man ihn auch wirklich habe?
Dieses wirkliche Haben Gottes liegt am Gemüt und an einem innigen vernunftgetragenen Zukehren und Streben zu Gott hin, doch nicht an einem (nur) andauernden gleichen An-Denken. Denn das wäre der Natur unmöglich und schwer, ihn stets im Sinn zu haben; es wäre auch nicht gerade das Allerbeste.
Der Mensch soll sich eben nicht genügen lassen an einem nur gedachten Gott, denn der Gedanke vergeht; so vergeht auch der Gott(esgedanke). Sondern einen wesenhaften Gott soll man haben, der hoch über den bloßen Gedanken der Menschen ist, hoch über allen Kreaturen. Dieser Gott vergeht nicht, es sei denn, der Mensch kehre sich willentlich von ihm weg.
Wer Gott so seinem Wesen nach hat, der ergreift Gott auf gottgemäße Weise und dem leuchtet er *aus allen Dingen* hervor; denn alle Dinge schmecken ihm (gleichsam) nach Gott und Gott. Er erbildet sich ihm aus allen Dingen. In ihm leuchtet Gott allezeit auf. In ihm geschieht eine befreiende Abkehr (von dem Dinglichen) und ein Eingeformtwerden seines geliebten gegenwärtigen Gottes.

Pfeiffer 548, 24f. – (60)

Durch alles hindurch zu Gott

Wer etwas mit ganzer Kraft heiß liebt, so daß ihm nichts anderes schmeckt und zu Herzen geht als allein das Gemeinte und nichts sonst – wahrlich: wo und bei wem immer ein solcher Mensch ist, was immer er beginnt, was immer er tut, nie verlischt in ihm das Geliebte. Und in allen (anderen) Dingen erblickt er eben jenes geliebten Dinges Bild. Es ist ihm in dem Maße gegenwärtig, in dem er es liebt, ja noch mehr. Dieser Mensch sucht nicht nach Ruhe, denn ihn stört keine Unruhe.

Von Gott wird der Mensch mehr gelobt, wenn er alle Dinge göttlich (von Gott her, auf Gott hin) nimmt und sie höher achtet, als sie an sich selbst sind. Wahrlich, hierzu gehört Fleiß und Liebe und aufmerksame Achtsamkeit auf des Menschen Innerlichkeit; ein waches, wahres, vernünftiges und wirkliches Wissen um das Gegründetsein des Gemütes, sowohl im Blick auf die Dinge wie auf die Menschen. Solches kann der Mensch nicht durch (Welt-)Flucht erlernen, indem er die Dinge (der Gegenstandswelt) flieht, indem er eine äußere Einöde aufsucht. Vielmehr muß er eine innere Einsamkeit (herstellen) lernen, wo und bei wem er auch sei.

Lernen muß er, durch die Dinge hindurchzubrechen und darin seinen Gott zu ergreifen. Er muß lernen, ihn kraftvoll in wesentlicher Weise in sich hineinbilden zu können ...

So soll der Mensch von göttlicher Gegenwart durchdrungen sein. Er soll von der Form kraft seines geliebten Gottes durchformt sein. Sie soll in ihm Wesen gewinnen, so daß ihm Gottes Gegenwart ohne (eigene) Anstrengung leuchte.

Pfeiffer 549, 5 ff., 38 ff. – (61 f.)

Wenn er nur will, gelangt der Mensch leicht dazu, daß die Dinge, mit denen er umgeht, ihn nicht hindern oder ein Gedanke von ihm Besitz ergreift. Denn wo das Herz von Gott erfüllt ist, da können die Kreaturen keinen Platz finden.

Pfeiffer 550, 3 ff. – (62)

Auf den kommenden Herrn warten

Der Mensch soll zu all seinen Werken und in allen Dingen von seiner Vernunft sorgfältig Gebrauch machen. Er soll in allen Dingen ein klares Bewußtsein haben von sich selbst und von seiner Innerlichkeit. In allen Dingen soll er Gott in der ihm höchstmöglichen Weise ergreifen.

Denn der Mensch soll so sein, wie unser Herr sprach: ›Ihr sollt sein wie die Leute, die allezeit wachen und ihren Herrn erwarten.‹ Wahrlich, solche erwartende Leute sind wachsam und üben Umsicht, wo der herkomme, den sie erwarten. Und sie erwarten ihn in allem, was da ankommt, wie fremd es ihnen auch erscheine, ob er nicht selbst eben darin sei.

So sollen wir ganz bewußt in allen Dingen nach unserem Herrn Ausschau halten. Dazu gehört notwendigerweise Fleiß. Alles muß man sich kosten lassen, alles was man nur mit Sinnen und Kräften zu leisten vermag. So wird es mit den Leuten recht, und sie ergreifen Gott in allen Dingen gleich. Sie finden dann Gott in allen Dingen gleichviel, obwohl ein jedes Werk anders ist ... Darum lerne der Mensch seinen Gott in allen Dingen gegenwärtig zu haben. Er lerne dabei unbehindert zu bleiben in allen Werken und an allen Orten.

Pfeiffer, 550, 12ff. – (62f.)

Neigung zur Sünde als Chance

Du sollst wissen, daß der Anstoß zur Untugend in dem gerechten Menschen niemals ohne großen Vorteil und Nutzen ist …
Die Neigung zur Sünde ist nicht Sünde, aber sündigen wollen, zürnen wollen, das ist Sünde … Denn der Anstoß und die Bewegung hin zur Untugend bringen erst die Tugend hervor und den Lohn für die Mühe (der Überwindung der bösen Neigung). Denn diese Neigung macht den Menschen um so beflissener, sich in der Tugend kräftig zu üben. Mit Gewalt treibt er ihn zur Tugend, sie konsequenter zu üben. Sie ist eine strenge Geisel, die den Menschen dazu treibt, sich zu hüten und tugendhaft zu sein. Denn je schwächer sich der Mensch findet, desto stärker muß er sich mit Stärke und Überwindungskraft ausrüsten: die Tugend wie die Untugend hängt vom Willen ab.

Pfeiffer 551, 18; 33ff. – (64f.)

Von der Vollmacht des Willens

Nichts soll den Menschen sehr erschrecken, solange ein guter Wille in ihm lebt. Nichts soll ihn betrüben, wenn er ihn nicht in die Tat umsetzen kann. Auch soll er nicht meinen, fern der Tugenden zu sein, wenn er einen rechten, wenn er einen guten Willen in sich findet, denn die Tugend und alles Gute liegt im guten Willen ...

Was du kräftig und mit ganzem Willen willst, das hast du (bereits). Weder Gott noch irgendeine Kreatur können dirs entreißen, wenn nur der Wille ein ganzer, auf Gott und auf seine Gegenwart gerichteter Wille ist ...

In Wahrheit: mit dem Willen vermag ich alle Dinge zu bewältigen. Ich kann aller Menschen Mühsal ertragen und alle Armen speisen, auch aller Menschen Werke wirken, ja was du dir sonst noch erdenken magst. Fehlt dirs nicht am Willen, sondern nur am Können, so hast du wahrhaftig vor Gott alles getan, und niemand kann dirs nehmen noch dich auch nur einen Augenblick am Tun hindern. Denn das Tun wollen, sobald ich es vermag, und etwas (wirklich) getan haben, das ist vor Gott gleich(wertig) ...

Nun könntest du fragen, wann der Wille ein rechter Wille sei. – Dann ist der Wille ganz und recht, wenn er ohne alle Selbstsucht ist und wenn er sich seines (niederen) Selbst entäußert hat, wenn er in den Willen Gottes hineingebildet und hineingeformt ist. Ja, je mehr das der Fall ist, desto rechter und wahrer ist der Wille. Und mit demselben Willen vermagst du alles, es sei Liebe oder was du sonst noch willst.

Nun gibt es da die Frage: Wie könnte ich die Liebe haben, wenn ich sie weder empfinde noch ihrer gewahr werde, wie ich sie an vielen Leuten sehe, die große Werke vorweisen und bei denen ich etwa große Andacht und sonst Wunderbares finde, das mir fehlt? Hier sollst du zweierlei beachten, was zur Liebe gehört: Das eine ist das Wesen der Liebe, das andere ist ein Werk oder ein Hervorbrechen der Liebe.
Die Stätte des Wesens der Liebe ist allein im Willen. Wer mehr Willen hat, der hat auch mehr Liebe. Aber wer nun dieses ›Mehr‹ hat, das weiß niemand von dem andern; das liegt verborgen in der Seele, weil Gott selbst verborgen liegt im Grunde der Seele.
Diese Liebe liegt allzumal im Willen. Und wer mehr Willen hat, der hat auch mehr Liebe(skraft).

Pfeiffer 552, 12 ff.; 553 ff. – (65 f.)

Wer mehr Willen hat, der hat auch mehr Liebe(skraft).

Nun gibt es noch das andere: Wer mehr Willen hat, das ist das Hervorbrechen und das Werk der Liebe. Das leuchtet auf, (in Gestalt von) Innigkeit, Andacht und Jubilieren. Tatsächlich ist es noch nicht das Beste. Denn es kommt bisweilen gar nicht aus der Liebe, sondern aus der Natur, wiewohl man (sublime) Süßigkeit empfindet. Es mag ein Eindruck des Himmels oder ein solcher der Sinne sein. Bei ihnen kommt das öfter vor, und es ist (dann) nicht gerade das Allerbeste.

Angenommen das sei sogar von Gott, so gibt das unser Herr solchen Leuten, um sie anzuregen und zu reizen, daß man dadurch von anderen Menschen ferngehalten wird. Aber wenn dieselben hernach in der Liebe wachsen, so haben sie leicht nicht mehr so viele Gefühle und Empfindungen. Und erst daran wird recht deutlich, daß sie Liebe(skraft) haben, nämlich wenn sie auch ohne solchen Rückhalt (sinnlichen Wohlgefühls) Gott völlige und stetige Treue bewahren …

Man soll daher von solch (überschwenglichen) Jubilus bisweilen ablassen, um eines Besseren, nämlich um der (tätigen) Liebe willen. Man soll davon ablassen, um wieder und wieder ein Liebeswerk zu wirken, wo immer ein solches nottut, es sei geistlicher, weltlicher oder leiblicher Art. Hab ichs doch schon gesagt: Wäre der Mensch in solcher Verzückung wie Sankt Paulus, und wüßte ich (in solcher Verfassung) von einem siechen Menschen, der von dir eines Süppleins bedürfte, ich hielte es für sehr viel besser, du ließest aus Liebe von dieser Verzückung ab und dientest dem Bedürftigen mit desto größerer Liebe.

Nicht soll der betreffende Mensch wähnen, daß er darüber irgendwelcher Gnaden beraubt werde. Denn was der Mensch aus Liebe willentlich läßt, das wird ihm in viel edlerer Weise zuteil, wie Christus sprach: ›Wer etwas läßt um meinetwillen, der soll hundertmal soviel wieder empfangen.‹

Ja, wahrhaftig, was der Mensch läßt und worauf er verzichtet um Gottes willen, – er wird es genau so in Gott wiederfinden, als ob er alles Gut, das es je gab, voll in Besitz gehabt hätte, nämlich wie wenn er es willig herausgegeben und aufgegeben hätte um Gottes willen. Hundertfältig wird er es (von neuem) empfangen.

Denn was der Mensch gern hätte, aber darauf verzichtet und um Gottes Willen entbehrt, es sei leiblich oder geistlicher Natur, das findet er alles in Gott.

Pfeiffer 553, 20ff.; 554 – (67f.)

Der Gottesfreunde Trost

Um Gottes willen soll der Mensch willentlich aller Dinge beraubt sein. In Liebe soll er auf allen Trost verzichten, in (wahrer) Liebe.

Du sollst wissen, daß die Freunde Gottes niemals ohne Trost sind, denn was Gott will, das ist ihr allerhöchster Trost, sei es nun tröstlich oder untröstlich.

Pfeiffer 554, 17 ff. – (68)

Gott finden in der Gottesferne

Auch sollst du wissen, daß der gute Wille Gott nicht verlieren kann. Zwar vermißt ihn die Wahrnehmungskraft des Gemüts bisweilen und meint oft, Gott sei fortgegangen.

Was sollst du dann tun? – Im Grunde eben dasselbe, wie wenn du im Zustand des größten Getröstetseins wärst. Dasselbe lerne tun, wenn du im tiefsten Leiden bist. Und verhalte dich in gleicher Weise, wie du dich da verhieltest.

Es gibt keinen gleichguten Rat, Gott zu finden, als ihn dort zu finden, wo man Gott verläßt. Und wie dir war, als du ihn zuletzt hattest, ebenso tue nun auch, da du ihn vermißt; dann findest du ihn. Der gute Wille, der verliert oder vermißt Gott nie und nimmer.

Pfeiffer 554, 30ff. – (68)

Vom wahren und falschen Willen

Bei Gott soll man nach (seinem) allerliebsten Willen suchen. Das heißt: Gott in allen Dingen suchen und daß wir (unseren) Willen aufgeben …
Auch macht nichts einen wahren Menschen, ohne Aufgabe des (Eigen-)Willens. Wahrhaftig, ohne Aufgabe des (Eigen-)Willens in jeder Hinsicht schaffen wir in Gott rein gar nichts …
Ganz sollst du dich Gott ergeben in allen Dingen, und dann überlaß es ihm, was er mit dem Seinigen tut … Das allein wäre ein vollkommener und wahrer Wille, daß man ganz in den Willen Gottes eingetreten und ohne Eigenwillen wäre. Je mehr einer das getan hat, um so mehr und um so wahrer ist er in Gott hineinversetzt. Ja, ein ›Ave Maria‹ in dieser Verfassung (der Gotteshingabe) gesprochen, indem der Mensch aus seinem (niederen) Selbst herausgetreten ist, das ist nützer als ohne dies tausend Psalter gelesen haben. Ja, ein einziger Schritt (in dieser Verfassung getan), wäre besser als ohne sie über das Meer gefahren sein.

Pfeiffer 555, 4ff., 13ff. – (69)

Von wahrer Buße und seligem Leben

Viele Leute meinen, daß sie große Werke in äußeren Dingen tun müßten, etwa Fasten, Barfußgehen und dergleichen mehr, was man Werke der Buße nennt. Aber das allergrößte Bußwerk, mit dem man die größte und höchstmögliche Besserung herbeiführt, ist diejenige, mit der der Mensch sich ganz und vollkommen von allem abkehrt, was nicht völlig Gott oder göttlich an sich selbst und an allen Kreaturen ist. (Diese Buße ist gleichzeitig) eine ganze und vollkommene Hinwendung zu seinem lieben Gott in einer unerschütterlichen Liebe, also daß seine Andacht und sein Verlangen nach ihm groß sei ...

Auch soll sich der Mensch daran gewöhnen, daß er sich in allen seinen Werken in jedem Moment hineinbilde in das Leben und in die Werke unseres Herrn Jesus Christus, in sein Tun und Lassen, in sein Leben und Leiden. Ihn soll er allezeit in seine Andacht hineinnehmen, wie er (einst) an uns gedacht hat.

Fern von allen Dingen ist diese Bußart ein völlig in Gott erhobenes Gemüt. Und in welchen Werken du dies am allermeisten hast oder erlangen kannst, die tue ganz freimütig. Hindert dich hingegen ein äußerliches Werk – es sei Wachen, Fasten, Lesen oder sonst eines – so laß das ebenso freimütig weg, und zwar ohne jede Besorgnis, hierdurch etwa eine Tat der Buße versäumt zu haben. Denn Gott sieht nicht darauf, worin die Werke bestehen. Er sieht allein darauf, welche Liebe, welche Andacht und welche Gesinnung in der Wirksamkeit enthalten ist. Denn er kümmert sich nicht viel um unsere Werke, sondern allein um die zugrundeliegende Gemütsverfassung, nämlich daß wir ihn allein in allen Dingen lieben. Denn derjenige ist allzu habgierig, dem Gott noch nicht genügt. Alle deine Werke sollen dadurch belohnt sein, daß Gott von ihnen weiß und daß du (im Tun) ihn allein im Sinne hast. Das genüge dir für alle Zeit. Und je freier und ungeteilter du ihn im Sinne hast, um so eigentlicher büßen alle deine Werke deine Sünden ab.

Pfeiffer 560, 5 ff., 25 ff. – (76 f.)

Er bleibt dir nah

Die Menschen kann durchaus Furcht und Bedrükkung überkommen, daß das Leben unseres Herrn Jesus Christus und auch das der Heiligen so sehr streng und mühevoll war. Der Mensch ist dem (meist) nicht gewachsen, und er fühlt sich nicht dahin gezogen. Wenn sich darum die Menschen hierin nicht als ebenbürtig empfinden, so erachten sie sich als von Gott entfernt, dem sie nicht nachfolgen könnten.
Doch das soll niemand tun! Der Mensch soll sich nie und in keiner Weise als fern von Gott ansehen, weder wegen eines Mangels noch wegen einer Krankheit, noch wegen etwas anderem. Und wenn deine großen Mängel dich so weit von ihm abtreiben wollen, daß du dich nicht zu Gott zu nähern vermagst, so sollst du dennoch Gott als den Nahen erkennen. Denn es liegt ein großer Schaden vor, daß der Mensch seinen Gott in die Ferne versetzt.
Ob nun der Weg des Menschen zu ihm hin oder von ihm weg verläuft, Gott geht niemals in die Ferne; er bleibt beständig nah. Und kann er nicht drinnen bleiben, so entfernt er sich doch nicht weiter als bis vor die Tür.

Pfeiffer 561, 18ff. – (77f.)

Vielfalt der Nachfolge

Achte darauf, welcher Art deine Nachfolge ist. Du sollst beachtet und gemerkt haben, wozu du von Gott am allermeisten hingewiesen worden bist, denn keineswegs sind alle Leute auf einem und demselben Weg zu Gott gerufen, wie Sankt Paulus spricht. Findest du etwa heraus, daß dein nächster Weg nicht in vielen äußeren Werken und großer Mühe oder in Entbehrungen bestehen soll – im Grunde liegt auch nicht viel daran, der Mensch werde in besonderer (schicksalhafter) Weise von Gott dazu getrieben, und sei es ohne Beirrung seines Innenlebens – findest du hiervon also nichts in dir, so gib dich damit zufrieden und kümmere dich nicht besonders darum.

Du könntest nun sagen: Wenn nichts daran liegt, weshalb haben dann unsere Vorfahren und viele Heilige entsprechend gehandelt? Bedenke doch: Unser Herr hat ihnen diese Weise vorgegeben, dazu auch die Kraft, diese (rigorose) Lebensweise durchzustehen. Und eben das gefiel ihm an ihnen. Und sie sollten darin das für sie Gemäße erhalten. Aber Gott hat des Menschen Heil nicht an eine besondere (Frömmigkeitsform bzw. Lebens-)Weise gebunden.

Was einer Weise innewohnt, das fehlt der anderen. Doch das Gute der einen (Weise) ist nicht wider die andere …

Ein jeder behalte seine gute Weise und setze sie in Beziehung zu den anderen Weisen. Er ergreife mit seiner Weise alles Gute und alle anderen Weisen. Ein (sinnloser) Wechsel der Weise führt zur Unstetheit …

Nicht alle Menschen können ein und demselben Weg

nachfolgen. So verhält es sich auch mit der Nachfolge auf dem gestrengen Weg jener Heiligen. Deren Weise sollst du wohl lieben, sie mag dir auch gefallen, aber du bist nicht gezwungen, sie zu deiner eigenen zu machen … Unser Herr Christus hatte die höchste Weise. Ihm sollten wir von Rechts wegen nachfolgen. – Das ist wohl wahr; unserem Herrn soll man billig nachfolgen, aber doch nicht in jeder Weise (seines einzigartigen Lebens): Unser Herr fastete vierzig Tage. Es soll aber niemand auf sich nehmen, daß er ihn darin nachahme. Der Christus hat viele Werke getan, und zwar damit wir ihm geistlich und nicht etwa leiblich nachfolgen. Und eben darum soll man sich befleißigen, daß man ihm in geistlicher Weise nachfolgen kann, denn ihm war mehr an unserer Liebe denn an unseren (äußeren) Werken gelegen. Wir sollen daher auf die uns angemessene Weise nachfolgen.

Pfeiffer 561, 32 ff., 562, 16 ff. – (78 f.)

Über die Dinge erhaben sein

Du mußt dir wegen der (rechten) Speise oder Kleidung keine Sorge machen, ob sie dir gut genug scheinen. Vielmehr gewöhne deinen inneren Grund und dein Gemüt daran, weit darüber erhaben zu sein. Warum wohl?
Es wäre doch eine schwache Innerlichkeit, wenn sie durch das äußere Erscheinen korrigiert werden müßte. Vielmehr soll das Innere das Äußere bestimmen, soweit es dir ansteht ...
Darum lernet gern in allem von Gott und folget ihm darin, so stimmt es bei euch. Man kann dann beides auf sich nehmen, Ehre und Ungemach. Überfiele aber Ungemach und Unehre den Menschen, man könnte auch sie ertragen; gern wollte man sie ertragen. Und darum können dann die mit gutem Recht und Erlaubnis essen, die ebenso bereit sind zum Fasten.
Und das ist auch die Ursache, daß Gott seine Freunde (bisweilen) der großen und schweren Leiden enthebt. Seine unermeßliche Treue könnte das eigentlich nicht zulassen, darum daß so viel und so großer Segen im Erleiden liegt und er die Seinen nichts Gutes versäumen lassen will und auch nicht darf. Er läßt sichs wohl genügen an einem guten, gerechten Willen; anders ließe er den Menschen kein Leiden entgehen, um des unbegrenzten Segens willen, der in dem Leiden liegt.

Pfeiffer 563, 12 ff. – (80 f.)

Mit voller Hingabe wirken

Wer ein Besonderer ist, der muß manchmal und in vieler Hinsicht Außerordentliches tun.
Der Mensch soll sich hineingebildet haben in unseren Herrn Jesus Christus, gleichsam inwendig in allen Dingen, so daß man in ihm einen Widerschein aller seiner Werke und der göttlichen Erscheinung finde. Soweit er es vermag, soll (seinem Tun) in allen seinen Werken eine vollkommene Entsprechung zum Wirken Christi innewohnen. Du sollst wirken, und er soll (dadurch) Gestalt gewinnen.
Tue du dein Werk aus deiner vollen Hingabe und aus deiner ganzen Gesinnung. Gewöhne dein Gemüt zu aller Zeit daran, daß du dich in allen deinen Werken in ihn hineinbildest.

Pfeiffer 564, 10ff. – (81)

Nur darum gestattet der getreue Gott, daß seine Freunde oft in Schwachheit fallen, damit ihnen aller (äußere) Halt abgehe, an den sie sich anlehnen oder auf den sie sich stützen könnten. Denn für einen liebenden Menschen wäre es eine große Freude, viele und große Dinge zu vollbringen, es sei im Wachen, im Fasten oder in anderen Dingen, in außerordentlichen großen und schwierigen Leistungen ...
Doch unsere Werke dienen nicht dazu, daß uns Gott (immer noch) etwas gebe oder tue. Unser Herr will vielmehr, daß seine Freunde davon loskommen. Und darum nimmt er ihnen diesen (falschen) Halt weg, damit allein er ihr einziger Halt sei. Denn er will ihnen Großes geben. Das will er allein aus seiner freien Güte heraus. So soll (allein) er ihr Halt und ihr Trost sein. Sie aber sollen an sich nichts anderes denn ein lauteres Nichts finden und erachten, angesichts all der großen Gaben Gottes.
Denn je entblößter und lediger das Gemüt Gott zuneigt und von ihm dann gehalten wird, desto tiefer wird der Mensch in Gott hineingepflanzt, um so empfänglicher wird er für die wertvollsten Gaben Gottes. Denn allein auf Gott soll der Mensch bauen.

Pfeiffer 564, 22 ff. – (82)

Wer im Sakrament den Leib unseres Herrn gerne empfangen will, der muß nicht darauf warten, bis er ihn in sich empfinde oder schmecke oder wie groß die Innigkeit oder die Andacht sei, sondern er soll vielmehr darauf bedacht sein, wie sein Wille und seine Gesinnung geartet sind. Du sollst nicht überschätzen, was du empfindest; dagegen achte hoch, was du empfängst und was du im Sinne hast.

Der Mensch, der freimütig zu unserem Herrn gehen will, der soll zum ersten das in sich haben, daß sein Gewissen durch keine Sünde belastet sei. Das andere ist, daß des Menschen Wille zu Gott gekehrt sei, daß er nichts weiter im Sinn habe und nach nichts anderem verlange als nach Gott und dem Göttlichen; weiter daß ihm mißfalle, was widergöttlich ist. Auch soll der Mensch eben daran erkennen, wie fern oder wie nah er Gott sei, wie wenig oder wie viel er von dieser Einstellung besitzt. Zum dritten muß in ihm die Liebe zum Sakrament und zu unserem Herrn leben, darin mehr und mehr zu wachsen, ohne daß sich die Ehrfurcht durch den häufigen Sakramentsempfang vermindert …

Nun könntest du sagen: Ach Herr, ich finde mich so leer, kalt und träge, deshalb getraue ich mich nicht zum (Altar des) Herrn zu gehen. – Da sage ich: (Im Gegenteil), um so mehr hast du es nötig, daß du zu deinem Gott gehst, denn in ihm wirst du geheiligt und mit ihm allein vereinigt und durch ihn allein gereinigt. Die Gnade findest du nur im Sakrament und nirgend anderswo sonst. Selbst deine leiblichen Kräfte werden durch die leibhafte Gegenwart unseres Herrn so vereinigt und gesammelt, daß auch alle zerstreuten Sinne des Menschen und das Gemüt hierdurch gesammelt und geeinigt werden. Was getrennt und stark abwärtsgekehrt war, das wird hier aufgerichtet. Gottes Ordnung wird hergestellt. Von dem liebeerfüllten Gott werden sie nach innen gewöhnt. Von leiblichen Hindernissen und allem Zeitlichen werden sie getrennt. Sie werden nach dem Göttlichen ausgerichtet. Durch seinen Leib wird dein Leib erneuert.

Wir sollen in ihn hinein verwandelt und völlig mit ihm vereinigt werden, daß sein Wesen unseres wird und das unsrige zum seinen; daß unser Herz zusammen mit seinem *ein* Herz, daß unser Leib und der seine *ein* Leib wird.

Auf diese Weise sollen alle unsere Sinne, unser Wille und Verlangen, unsere Kräfte und Glieder in ihn hineingebettet werden, daß man ihn empfinde und seiner gewahr werde mit allen Kräften des Leibes und der Seele.

Pfeiffer 565,7 ff. – (82 ff.)

Man muß es lernen, daß man in den (äußeren) Werken (innerlich) ungebunden ist. Das ist aber einem ungeübten Menschen ungewohnt. Zu tun ungewohnt ist ihm, daß er es dazu bringe, weder von einer (Menschen-)Menge noch durch eine Tätigkeit behindert zu werden.

Dazu gehört großer Eifer, auch daß ihm Gott stets gegenwärtig sei, daß er ihm stets ganz unverhüllt leuchte, zu jeder Zeit und an jedem Ort. Dazu gehört ein gar behender Eifer und ganz besonders zweierlei: Das eine, daß sich der Mensch innerlich wohl verschlossen halte. Sein Gemüt sei gewarnt vor all den Bildern, die draußen stehen, daß sie außerhalb von ihm bleiben, nicht in entfremdender Weise ihn begleiten und keine Stätte in ihm finden.

Das andere ist, daß sich der Mensch weder in seine inneren Bilder verstricke noch zerstreue noch ins Vielerlei nach außen bewegen lasse, seien es nun Vorstellungen, eine Erhobenheit des Gemütes, äußere Bilder oder sonst etwas.

Der Mensch soll alle seine Kräfte daran gewöhnen und darauf ausrichten, sein Innesein gegenwärtig zu haben (Geistes-Gegenwart zu üben). – Nun könntest du sagen: Der Mensch muß sich doch auch nach außen wenden, soll er äußere Dinge schaffen; denn nichts kann gewirkt werden, das nicht seinem eigenen Erscheinungsbild gemäß ist. – Das ist wohl wahr. Aber dem geübten Menschen sind äußere Erscheinungsformen nicht (nur) äußerlich, denn alle Dinge

sind dem innerlichen Menschen ihrer innerlichen, göttlichen Wesensseite nach zugänglich.
Vor allen Dingen ist dies nötig: daß der Mensch seine Geisteskraft ganz und gar an Gott gewöhne und (sich darin) übe, so wird er allezeit innen göttlich. Der Geisteskraft ist nichts so eigen noch so gegenwärtig noch so nahe wie Gott. Nie kehrt sie sich anderswo hin ...
In allen Gaben und in allen Werken sollen wir Gott ansehen lernen. Nie sollen wir uns (an dem Erreichten) genügen lassen und nirgends stehen bleiben. Für uns gibt es kein Stillstehen in diesem Leben; kein Stillstehen gibts für den Menschen, wie weit er auch gekommen ist. Vor allen Dingen soll sich der Mensch auf die Gaben Gottes ausrichten, und zwar immer von neuem.

Pfeiffer 568,27 ff.; 570,4 ff. – (87 ff.)

Beim Neubeginn

Der Mensch, der ein neues Leben oder ein neues Werk beginnen will, der soll zu seinem Gott gehen und von ihm mit großer Kraft und ganzer Andacht begehren, daß er ihm sein Vorhaben zum Allerbesten füge, daß es ihm das Allerbeste und Würdigste sei. Dabei wolle und beabsichtige er nicht das Seine, sondern allein nur den liebsten Willen Gottes, und keinen anderen. Was ihm dann Gott zufügt, das nehme er unmittelbar von Gott und sei ganz zufrieden.

Pfeiffer 571,36ff. – (91 f.)

In Vollendung des Guten

Gott ist nicht der Zerstörer eines Guten, sondern er ist ein Vollender. Gott ist nicht ein Vernichter der Natur, sondern er ist ihr Schöpfer. Auch zerstört nicht etwa die Gnade die Natur; sie vervollkommnet sie vielmehr.
Der Mensch hat einen freien Willen, damit der Gutes und Böses wählen kann. Und Gott weist ihm für die Untat den Tod zu, für die Wohltat aber das Leben. Frei soll der Mensch sein, ein Herr all seiner Werke, ungestört und unbezwungen. Nochmals: Gnade zerstört die Natur nicht, sie vollendet sie; denn Verklärung ist erfüllte Gnade.
Also ist nicht in Gott das Zerstörerische, sondern er ist ein Vollender aller Dinge. Also sollen auch wir nicht einmal ein geringfügiges Gutes in uns zerstören; auch nicht eine geringe Weise um einer großen willen, sondern wir sollen sie zum höchsten Grad hin vollenden.

Pfeiffer 573, 3 ff. – (93)

Stetiges Wachstum

Ich sage, ein Gott-Suchender soll der Mensch werden in allen Dingen und ein Gott-Findender soll der Mensch werden zu aller Zeit, an allem Ort, bei Menschen und in den (verschiedenen) Lebensweisen. Darin soll man allezeit zunehmen und wachsen, ohne Unterbrechung. In diesem Zunehmen soll man nie an ein Ende kommen.

Pfeiffer 573, 17 ff. – (93)

Die Dringlichkeit des Werks

Wenn der Mensch zu keinem Werk Lust hat und keines in Angriff nehmen will, so soll man sich dazu nötigen, es handle sich um ein inwendiges oder um ein äußeres Werk. Denn mit nichts soll sich der Mensch zufrieden geben, wie gut es scheint, wie gut es sei (was er getan hat) ... Man mag dann eher den Eindruck haben, der Mensch *werde* selbst gewirkt, denn daß er wirke.

Der Mensch lerne mitwirken mit seinem Gott.

Nicht soll man aus dem Innenleben herausgehen, nicht ihm gleichsam entfallen oder ihm entsagen, sondern wirken lernen soll man: in ihm, mit ihm und aus ihm. Die Innerlichkeit breche dabei durch zur Verwirklichung. Und diese leitet (den Menschen) wiederum hinein in die Innerlichkeit. Man gewöhne sich daran, in Freiheit zu wirken.

Denn auf das innere Vollbringen richte man das Auge, um dann auch nach außen tätig zu werden, es sei Lesen, Beten oder – falls erforderlich – ein äußeres Werk. Will nun das äußere Werk das innere zerstören, so folge man dem inneren. Das beste wäre es, wenn beide (Formen der Tätigkeiten) eins würden. Man wirkte dann an der Seite Gottes.

Pfeiffer 573, 28 ff. – (94)

Demut als Weg zum Sein

Der Mensch soll sich selbst erniedrigen, und das kann nicht tief genug geschehen, Gott tue es denn. Und er soll erhöht werden, aber nicht in dem Sinn, als ob das Erniedrigtwerden eines, das Erhöhtwerden etwa ein anderes sei. Nein, der höchste Punkt der Erhöhung ruht im tiefen Grund der Demut (bzw. des Gedemütigtwerdens) ... Die Höhe und die Tiefe sind eins. Denn je mehr sich einer erniedrigen kann, desto höher ist er. Eben darum sagte unser Herr: Wer der Größte sein will, der werde unter euch der Geringste!

Jenes (Erhöht-)Sein wird nur allein gefunden in diesem (Erniedrigt-)Werden.

Wer der Geringste wird, der ist in Wahrheit der Größte. Wer aber (auf diese Weise) der Geringste geworden ist, der ist schon jetzt der Allergrößte ...

All unser Wesen liegt an nichts anderem als in einem Zunichtewerden.

Pfeiffer 574, 19ff. – (95)

Ohne Eigenbesitz

Fürwahr, Gott will in keiner Weise, daß wir auch nur so viel zu eigen haben, wie man mir in die Augenhöhle legen könnte. Denn jede Gabe, die er uns anvertraute – Gaben der Natur wie Gaben der Gnade, gab er uns in keiner anderen Weise als in der, sie *nicht* als Eigentum zu besitzen ... Um uns zu belehren und aufmerksam zu machen, nimmt er uns oft beides, leibliches und geistliches Gut. Denn (beispielsweise) die Ehre soll nicht unser Besitz sein, sondern der seinige.

Alles sollen wir in der Weise haben, als ob uns die Dinge geliehen wären und nicht gegeben; also ohne jeden Anspruch auf Eigentum, es seien Leib oder Seele, Sinne, Kräfte, äußeres Gut oder Ehre, Freunde, Verwandte, Haus, Hof und somit alles.

Was meint nun Gott damit, daß er darauf so sehr beharrt? – Er selbst will allein unser Eigentum sein. Hierin liegt seine größte Wonne und Freude. Und je mehr und je umfassender er das sein kann, um so größer ist seine Wonne und Freude. Denn je mehr wir von allen Dingen etwas zu eigen haben, um so weniger haben wir teil an ihm. Und je weniger wir die Dinge lieben, um so mehr haben wir ihn mit allem, was er (für uns) zu leisten vermag.

Darum, als unser Herr (in den Seligpreisungen der Bergpredigt) von den Seligkeiten reden wollte, da setzte er die Armut des Geistes an die Spitze von allem. Sie war das erste Zeichen dafür, daß alle Seligkeit und Vollkommenheit insgesamt in der Armut des Geistes ihren Anfang haben. Wahrhaftig, wenn es einen Grund gäbe, auf dem alles Gute gründet, so könnte er nicht ohne diese (Armut des Geistes) sein. Dadurch will uns Gott alles zu eigen geben, was im Himmel ist, den Himmel mit seinen Kräften und was ihm entströmt ist, daß wir uns frei halten von den Dingen.

Pfeiffer 575, 1 ff. – (96)

Armut im Geiste

Willst du wissen, was ein wirklich armer Mensch ist? – Derjenige Mensch ist wahrhaft arm im Geist, der all das wohl entbehren kann, das er nicht nötig hat. Darum sprach der, der in jener Tonne nackt saß, zum großen Alexander, der alle Welt unter sich hatte: ›Ich bin – sprach er – ein viel größerer Herr als du, denn ich habe mehr verschmäht als du besessen hast. Was du zu besitzen für groß achtest, das zu verschmähen ist mir noch zu klein.‹
Der ist glücklicher, der alle Dinge entbehren kann und sie nicht nötig hat; glücklicher als der, der alle Dinge notgedrungen in Besitz behält. Darum ist *der* Mensch der beste, der entbehren kann, was er nicht notgedrungen braucht. Wer daher am allermeisten entbehren und verschmähen kann, der hat am allermeisten gelassen ...
Derjenige hätte ein wahres Himmelreich, der um Gottes willen auf alle Dinge verzichten könnte, was Gott je gäbe oder nicht gäbe.

Pfeiffer 576,4 ff – (97)

Geeint sein und verwandelt werden

Grundlegende Veränderung

Also geschieht es: Was immer zu Gott kommt, das wird verwandelt, wie minderwertig es auch sei. Bringen wir es zu Gott, so verliert es sein (minderwertiges) Selbst. Nehmen wir ein Gleichnis: Habe ich Weisheit, so bin ich sie nicht selbst. Ich kann aber Weisheit gewinnen, ich kann sie auch verlieren.
Aber was in Gott ist, das ist gut. Das kann ihm nicht entfallen. Es wird hineinversetzt in die göttliche Natur, denn die göttliche Natur ist so machtvoll, daß, was immer in sie hineingegeben wird, entweder vollkommen in ihr oder gänzlich außer ihr ist.
Nun merkt auf das Wunderbare: Wenn Gott selbst so minderwertige Dinge in sich verändert, was meint ihr denn, was er mit der Seele tut, die er seines Ebenbildes gewürdigt hat?
Daß wir dazu gelangen, dazu helfe uns Gott. Amen.

DWI, 56f. – (167)

Gott sich völlig anvertrauen

Das soll man wissen: Die Menschen, die sich Gott überlassen und mit allem Fleiß allein seinen Willen zu tun suchen, was immer Gott einem solchen Menschen gibt, das ist das Beste; sei daher dessen so gewiß, so gewiß, daß Gott lebt, daß es notwendigerweise das Allerbeste sein muß. Sei so gewiß, daß es sonst keine Weise gibt, die besser wäre.

Zwar mag es sein, daß etwas anderes besser scheint, für dich wäre es dennoch nicht gut. Denn Gott will eben diese Weise und keine andere. Und eben diese Weise muß notwendigerweise die beste (für dich) sein: es sei Siechtum oder Armut, es sei Hunger oder Durst oder was es sonst noch sein mag, das Gott über dich verhängt oder nicht verhängt, was dir Gott gibt oder nicht gibt – immer ist es für dich das Beste. Und wenn du keines von beiden hast, weder Andacht noch Innerlichkeit; ungeachtet, was du hast oder nicht hast: Gib dich nur recht dahinein, daß du in allen Dingen allein Gottes Ehre im Sinne hast, und was immer dir dann widerfährt, stets ist es das Beste.

Nun könntest du vielleicht sagen: Wie weiß ich denn, ob es der Wille Gottes sei oder nicht sei? – Das wisse: Wäre es Gottes Wille nicht, so existierte es auch nicht. Du bekommst weder Siechtum noch irgend etwas (Widerwärtiges), ohne daß es Gott will. Und wenn du dann weißt, daß es Gottes Wille ist, so sollst du soviel Vergnügen und Genügen daran haben, daß du keine Pein als Pein empfindest. Und käme es zur allergrößten Pein und du empfändest dann doch noch Pein oder Leiden, so wäre das gar nicht recht, denn du sollst es nehmen von Gott als das Allerbeste. Es muß ja notwendigerweise dein Allerbestes sein. Denn Gottes Sein hängt (geradezu) daran, daß er das Allerbeste will. Darum muß auch ich es so wollen. Nichts soll mir besser erscheinen.

DWI, 61 f. – (168)

Ei, so prüft euch doch selber, wie es mit eurer Gottesliebe bestellt ist! Liebet ihr Gott wirklich, so könnte euch kein Ding lustvoller sein, als was ihm am allerbesten gefiele und daß sein Wille mit uns zum Ziel kommt. Wie schwer dir Pein und Ungemach erscheinen mag – empfindest du nicht großes Vergnügen darin, so ist es nicht recht.

DWI, 63 f. – (169)

Die große Gabe

Jakob spricht (in seinem Brief Kapitel 1,17): ›Alle Gabe ...‹

Was das Allerbeste und das Allerhöchste ist, das sind die eigentlichen Gaben, die Gaben im allereigentlichsten Sinn das Wortes.

Nichts gibt Gott so gern wie große Gaben. – Ich sprach einst an diesem Ort, daß Gott sogar lieber große Sünden vergibt als kleine; je größer sie sind, um so lieber und schneller vergibt er sie.

Und ebenso verhält es sich mit der Gnade, mit der Gabe und mit der Tugend: je größer sie sind, um so lieber gibt er sie. Denn es liegt in seiner Natur, große Dinge zu geben. Drum gilt: je wertvoller die Dinge sind, um so mehr gibt es davon ... Darum heißen auch die großen Dinge im eigentlichen Sinne ›Gaben‹. Als solche gehören sie Gott am allereigentlichsten und am allerinnigsten zu.

DWI, 65 – (169 f.)

Von innen heraus

Was im eigentlichen Sinn durch das Wort ausgedrückt werden kann, das muß von innen heraus kommen; das muß von innen her Form gewinnen. Es darf nicht von außen her kommen, sondern von innen muß es nach außen kommen.
Eigentlich lebt es im Innersten der Seele. Da sind dir alle Dinge gegenwärtig: dort im Innern ist ihr Leben und Streben, ihr Bestes und ihr Höchstes.
Weshalb du davon nichts verspürst? Weil du da (noch) nicht beheimatet bist.

DWI, 60 – (170)

Vom Adel der Liebe

Der Himmel ist umfassender als alles, das unter ihm ist. Darum ist er auch edler. Je edler die Dinge sind, desto allgemeiner sind sie auch. Die Liebe ist edel, denn sie ist allumfassend.

Es scheint zunächst schwer, was unser Herr geboten hat, daß man den Mitmenschen lieben soll wie sich selbst. Grob-ungeistliche Leute sagen, es sei so gemeint, man solle den Mitmenschen lieben im Blick auf das Gute, weswegen man sich selber liebt. Aber nein, so ist es nicht. Sondern Mitmenschen soll man ebenso lieben wie sich selbst, und das ist nicht schwer.

Wollt ihrs recht bedenken, dann ist solche Liebe eher des Lohnes Wert als ein Gebot. Das Gebot erscheint freilich schwer; der Lohn ist begehrenswert. Wer Gott liebt, wie er ihn lieben soll und auch lieben muß – ob er wolle oder nicht – und wie ihn alle Kreaturen lieben, der muß seinen Mitmenschen lieben wie sich selbst. Er muß sich über seine Freude freuen, als wäre es seine eigene; es muß ihm an seiner Ehre liegen wie an der eigenen; an dem Fremden muß ihm gelegen sein wie an dem Eigenen. So gesehen ist der Mensch allezeit in der Freude, in der Ehre und im Vorteil. So lebt er gleichsam im Himmelreich. So hat er auch mehr Freuden, als wenn er sich allein über sein eigenes Wohlsein freute. Und merkt euch das wahrhaftig: Solange dir noch die eigene Ehre wichtiger ist als die eines andern, so ist das unrecht.

Wisse auch, wenn du irgendwie das Deine suchst, so findest du Gott nie mehr, weil du Gott nicht in laute-

rer Weise suchst. Du suchst (immer noch) etwas anderes mit Gott.
So suchst du etwas mit Gott und tust dabei so, wie wenn du aus Gott eine Kerze machtest, mit der man etwas sucht. Und wenn man das Gesuchte gefunden hat, wirft man die Kerze weg. Geradeso machst du es: Was du so mit Gott (als bloßem Mittel zum Zweck) suchst, das ist letztlich nichts, ganz gleich, was es auch sei: es sei Nutzen, Lohn, Innerlichkeit oder was es sonst sein mag. Denn alle Kreaturen sind ein bloßes Nichts. Ich sage nicht, daß sie klein oder überhaupt etwas seien. Nein, sie sind ein bloßes Nichts.
DWI, 67f. – (170f.)

Durch Gottes Liebe gewürdigt

Sankt Johannes spricht: ›Darin ist uns Gottes Liebe geoffenbart, daß er seinen Sohn in die Welt gesandt hat, daß wir durch ihn und mit ihm leben.‹
Und dadurch ist unsere menschliche Natur in unermeßlicher Weise erhöht, weil der Allerhöchste gekommen ist und das Wesen des Menschen an sich genommen hat.
Ein Meister sagt: Wenn ich daran denke, daß unsere Natur über die Kreaturen erhaben ist und im Himmel über den Engeln ihren Sitz hat, wenn sie von ihnen angebetet wird, so muß ich mich von ganzem Herzen freuen. Denn Jesus Christus, mein lieber Herr, hat mir all das zugeeignet, was er an sich selbst hat. Er (d.h. jener Meister) sagt auch, daß der Vater in all dem, was er seinem Sohn Jesus Christus mit der menschlichen Natur verlieh, es eher auf mich abgesehen hat und mich lieber gehabt hat als ihn und es mir noch eher gab als ihm.
Wie ist das gemeint? Er gab es ihm durch mich (d.h. meinetwegen), denn ich hatte es nötig. Was er darum mir gab – er meinte mich damit und gab es mir ebenso wie ihm. Da nehme ich nichts aus, weder das Einssein noch die Heiligkeit der Gottheit noch sonst etwas.
Alles, was er ihm mit der menschlichen Natur je gab, das ist mir nicht fremder, nicht entfernter als ihm, denn Weniges kann Gott gar nicht geben. Entweder er muß alles geben oder er gibt nichts. Seine Gabe ist ganz einfaltig und vollkommen, ohne eine Teilung, auch nicht gebunden an die Zeit, sondern alles grün-

det in der Ewigkeit. Dessen könnt ihr so gewiß sein wie (ich), daß ich lebe.
Sollen wir also etwas von ihm empfangen, so müssen wir in der Ewigkeit gegründet sein, erhaben über aller Zeitlichkeit. In der Ewigkeit sind alle Dinge gegenwärtig. Das da über mir ist, das ist mir ebenso nah und ebenso gegenwärtig, wie das da hier bei mir ist. Da sollen wir auch nehmen, was wir von Gott haben sollen.

DWI, 85 f. – (174)

Das Sein in der Liebe

Wir sollen mit all unserer Liebe und mit all unserem Verlangen dort sein, wie Sankt Augustinus sagt: Was der Mensch liebt, das wird er in der Liebe.
Sollen wir nun sagen, hat der Mensch Gott lieb, daß er dann Gott werde? Das hört sich an, als ob es Unglaube sei. Die Liebe aber, mit der ein Mensch liebt, die ist nicht zweigeteilt, sondern eins, und sie ist ein Einswerden. Und in der Liebe bin ich mehr bei Gott, denn daß ich in mir selber bin. Daher spricht der Prophet: Ich habe gesagt, ihr seid Götter und Kinder des Allerhöchsten. – Das klingt wunderlich, daß der Mensch zu Gott werden könne in der Liebe. Doch so ist es in der ewigen Wahrheit wahr. Unser Herr Jesus Christus bezeugt es.

DWI, 79f. – (175)

Den Willen Gottes annehmen

Alle Tage rufen und schreien wir im ›Vaterunser‹: Dein Wille geschehe! – Wenn dann sein Wille wirklich geschieht, so wollen wir zürnen, und sein Wille gefällt uns nicht.
Doch was immer er tut, das sollte uns am allerbesten gefallen. Wer es daher als das Beste annimmt, der bleibt in jeder Hinsicht im vollkommenen Frieden.
Aber bisweilen denkt ihr und sprecht: Ach, wäre es nur anders gekommen, so wäre es besser, oder: wäre es nicht so gekommen, so wäre es (in anderer Hinsicht) besser. – Solange du so denkst, solange bekommst du keinen Frieden. Du solltest es annehmen als das Allerbeste.
Das ist der Sinn des Schriftwortes: Alle gute und alle vollkommene Gabe kommt von oben herab, von dem Vater des Lichts (Jak 1,17).

DWI, 64 – (169)

Man begegnet Menschen, denen schmeckt Gott wohl in einer bestimmten Weise, nicht aber in einer anderen. Sie wollen Gott immer nur in einer Weise andächtiger Vergegenwärtigung haben, anders nicht. Ich lasse das gut sein, dabei ist es aber ganz unrecht.
Wer Gott in der rechten Weise annehmen will, der soll ihn in allen Dingen in gleicher Weise empfangen, im Bösen wie im Guten, im Weinen wie in Freuden. In allen (Lebenslagen) soll er dir gleich sein.

DWI, 81 – (176)

Haltet euch daran, daß ihr wirklich allein nur Gott meint und allein ihn sucht. Seid ganz zufrieden mit der Weise (in der er euch begegnet). Euer Streben soll allein nach Gott gerichtet sein und nach nichts anderem. Nur dann ist es recht, daß ihr es gern oder weniger gern habt ...
Fällt es euch zu – es sei Weinen oder Seufzen – so nehmt es an und seid damit zufrieden. Geschieht es dagegen nicht, so seid gleichfalls zufrieden und nehmt hin, was euch Gott in dem betreffenden Augenblick gerade zugedacht hat.

DWI, 82 – (176f.)

Demut als Voraussetzung

Wer von oben (d.i. von dem Vater des Lichts) empfangen will, der muß notwendigerweise ganz unten sein in rechter Demut. Und das sollt ihr in Wahrheit wissen: Wer nicht völlig unten ist, der empfängt auch nichts; der empfängt auch nichts, wie geringfügig es immer sein mag.
Hast du es irgendwie auf dich, auf ein Ding oder auf jemand abgesehen, so bist du noch nicht unten und empfängst daher auch nicht. Bist du dagegen ganz unten, dann empfängst du fortwährend und vollkommen.
Gottes Natur ist es, daß er gibt, und sein Wesen hängt daran, daß er uns gebe, sofern wir unten sind. Sind wir's noch nicht, so empfangen wir eben auch nicht; vielmehr tun wir ihm (gleichsam) Gewalt an und töten ihn. Können wir es ihm nicht selbst antun, so tun wir es uns an, soweit es an uns liegt.
Daß du ihm alles zu eigen gebest, so sieh zu, daß du dich hinab begibst in rechter Demut unter Gott und daß du (andererseits) Gott erhebst in deinem Herzen und in deinem Erkennen ...
Daß wir bereitet werden, die beste Gabe zu empfangen, dazu helfe uns Gott, der Vater des Lichtes. Amen.

DWI, 73f. – (172f.)

Allezeit verbleibt in demütiger Hingabe und Selbsterniedrigung. Allezeit sollt ihr daran denken, daß ihr irgendeines Gutes unwürdig seid, das Gott euch zuwenden könnte, wenn er wollte. Darin liegt die Bedeutung des Wortes, das Sankt Johannes schreibt: ›Darin ist uns die Liebe Gottes geoffenbart worden.‹ Wären wir nur so, uns würde dieses Gute in uns geoffenbart. Die Ursache dafür, daß es uns noch verborgen ist, sind wir selbst.

DWI, 82 – (177)

Wir selbst sind die Ursache unserer Hindernisse. Darum hüte dich vor dir selbst, dann hast du wohl gehütet.

DWI, 82 – (177)

Was ein reines Herz sei

Merk auf! Gott hat keine eigentlichere Stätte als ein reines Herz und eine reine Seele. Da gebiert der Vater seinen Sohn, so wie er ihn in der Ewigkeit gebiert, weder mehr noch minder.
Was ist ein reines Herz? Das Herz ist rein, das von allen Kreaturen abgesondert und geschieden ist. Denn alle Kreaturen verursachen Flecken, insofern sie ein Nichts sind. Denn das Nichtige ist von Gebrechlichkeit behaftet und befleckt die Seele. Alle Kreaturen sind letztlich ein bloßes Nichts. Weder Engel noch Kreaturen sind ein Etwas. (Als solche) beflecken sie, denn sie sind von Nichts gemacht. Sie sind nichts und sie waren nichts. So ist auch alles, was den Kreaturen zuwider ist und Unlust bereitet, letztlich nichts. Legte ich eine glühende Kohle in meine Hand, so täte mir's weh. Die Ursache ist das Nichts. Und machten wir uns vom Nichts ganz frei, so wären wir nicht unrein.
DWI, 80 – (176)

Das Leben und Wirken von innen her

Mit ihm leben wir in ihm (wie der 1. Johannesbrief Kap. 4, 9 von Christus sagt). – Nun gibt es nichts, was man mehr begehrt als das Leben. Doch was ist mein Leben? Es ist das, was von innen her bewegt wird, und zwar von ihm selber. Was von außen bewegt wird, das lebt nicht.

Leben wir dann mit ihm, so müssen wir auch von innen her und in ihm mitwirken, damit wir nicht von außen her wirken. Sondern wir sollen von daher bewegt werden, von woher wir leben, das ist: durch ihn. Aber wirken müssen und können wir nur aus unserem Eigenen, Inneren. Sollen wir daher in ihm und durch ihn leben, so muß er unser Eigen(tümliches) sein. Und aus diesem unserem Eigenen müssen wir auch wirken ...

In ihm sind mir alle Dinge in gleicher Weise zugeeignet. Und sollen wir kommen in das Ureigene, damit alle Dinge unser Eigen seien, so müssen wir ihn in allen Dingen in gleicher Weise annehmen, in dem einen nicht mehr als in dem anderen, denn er ist in allen Dingen (uns) gleich (nah).

DWI, 80f. – (176)

Was der Mensch von außen an sich zieht oder nimmt, das ist nicht recht. Gott soll man nicht von außen nehmen oder achten, sondern als mein eigen und was in ihm (bzw. in einem) ist. Auch soll man nicht dienen oder wirken um ein Warum, weder um Gottes willen noch um seine Ehre, noch um irgend etwas, das außer ihm (bzw. einem) ist, sondern allein um dessen willen, was das eigene Sein und das eigene Leben in ihm (bzw. in einem) ist.
Etliche einfältige Leute wähnen, sie sollten Gott sehen, als stehe er da und sie hier. Das ist nicht richtig. Gott und ich, wir sind eins. Indem ich erkenne, nehme ich Gott in mich hinein; indem ich liebe, gehe ich in Gott ein.
Etliche sprechen, die Seligkeit liege nicht im Erkennen, sondern allein im Wollen. Die haben unrecht, denn läge es allein im Wollen, so wäre es nicht das Eine. Das Wirken und das Werden ist eines.

Wenn der Zimmermann nicht wirkt, so entsteht auch das Haus nicht. Wo die Axt liegen bleibt, da liegt auch das Werden darnieder. – Gott und ich, wir sind eins in diesem Wirken; er wirkt, und ich werde.

Das Feuer verwandelt in sich, was ihm anheimgegeben wird und wird seine Natur. Das Holz verwandelt das Feuer nicht, vielmehr verwandelt das Feuer das Holz in sich. So werden wir in Gott verwandelt, damit wir erkennen sollen, wie er ist. St. Paulus sagt: So werden wir erkennen: ich ihn wie er mich erkennt,

weder weniger noch mehr, sondern gleicherweise: Die Gerechten werden ewiglich leben, und ihr Lohn ist bei Gott vollkommen gleich.
Daß wir die Gerechtigkeit lieben um ihrer selbst willen und Gott ohne irgend ein Warum, dazu helfe uns Gott. Amen.

DWI, 113f. – (186f.)

Gott
und die Seele

Vom Vereintwerden

Halte dich so, daß du das Sakrament auf würdige Weise und immer wieder empfangen mögest, dann wirst du mit ihm, dem Herrn, vereinigt und durch seinen Leib geadelt.

Ja, in dem Leib unseres Herrn wird die Seele so innig in Gott eingefügt, daß kein Engel, weder die Cherubim noch die Seraphim, keinen Unterschied (zwischen Gott und Seele) wahrnehmen oder auffinden. Denn wo sie an Gott rühren, da rühren sie (gleichzeitig) an die Seele, und wo sie an die Seele rühren, da rühren sie an Gott. Nie ward eine so innige Einung. Denn die Seele ist viel inniger mit Gott vereint als Leib und Seele, die doch einen Menschen ausmachen.

Diese Einung ist viel inniger, als wenn man einen Tropfen Wasser in ein Faß mit Wein gösse. Da würde Wasser und Wein dergestalt in eins verwandelt, daß keine der Kreaturen einen Unterschied herausfinden könnte.

Pfeiffer 566,27 ff. – (84 f.)

Teilhabe am Sein und Wesen

Soweit etwas am Sein teilhat, soweit gleicht es Gott. Das Wesen ist so erhaben, so lauter und so mit Gott verwandt, daß niemand das Wesen verleihen kann als Gott allein. Gottes eigentliches Wesen ist das Sein. Insofern unser Leben ein Wesen ist, insofern ist es in Gott. Und insofern unser Leben eingeschlossen ist ins Wesenhafte, insofern ist es mit Gott verwandt. Das Geringste, das man in Gott erkennt, – und sei es nur eine Blume, insofern sie in Gott ihr Wesen hat – so wäre das edler als alle Welt. Das Geringste, das in Gott ruht, insofern es ein Wesenhaftes birgt, das ist besser, als wenn man einen Engel erkennte.

DWI, 130f. – (192)

Allein dadurch bin ich selig, daß Gott vernünftig ist und daß ich dies erkenne.

DWI, 53 – (199)

Leib und Seele in Gott

Mein Leib ist mehr in meiner Seele als meine Seele in meinem Leibe. Mein Leib und meine Seele sind mehr in Gott als sie in sich selber sind.
Die Seele empfängt ihr Wesen ohne irgendeine Vermittlung von Gott. Darum ist Gott der Seele näher als sie sich selber. Darum ruht Gott im Grunde der Seele mit all seiner Gottheit.
DWI, 160f. – (201)

Das ist das eigentliche Bild der Seele, da weder etwas ein- noch ausgebildet wird als allein Gott selber. Die Seele hat zwei Augen, ein nach innen und ein nach außen gewandtes Auge. Das innere Auge der Seele ist das, das in das Wesen(hafte) hineinblickt und sein Wesen von Gott unmittelbar empfängt. Das ist sein eigentliches Werk.
Das äußere Auge der Seele ist jenes, das den Kreaturen zugewandt ist; es ist das Auge, das sie in (ab)bildhafter Weise und in der Form einer Kraft wahrnimmt.
Wer nun in sich gekehrt ist, daß er Gott seinem ureigenen Geschmack und in seinem eigenen Grund erkennt, ein solcher Mensch ist befreit von allen geschaffenen Dingen.
DWI, 165 – (203)

Der Seele Tag und Gottes Tag

Die Tage, die seit sechs oder sieben Tagen vergangen sind, und die Tage, die vor sechstausend Jahren vergingen, sind dem Heute so nahe wie der gestrige Tag. Warum eigentlich? Weil die Zeit eigentlich in einem gegenwärtigen Nun verläuft. Denn Tag ist es, wenn der Himmel läuft, und zwar, wenn es sich um den ersten Umlauf des Himmels handelt. Da geschieht in einem Nun der Seele Tag, und zwar in ihrem natürlichen Licht, darein alle Dinge getaucht sind. Eben das ist ein ganzer Tag. Tag und Nacht sind hier eins. Gottes Tag ist dagegen, wenn die Seele in dem Zeitraum der Ewigkeit als in einem wesenhaften Nun steht. Und hierin (in diesem Raum der Ewigkeit) gebiert der Vater seinen eingeborenen Sohn in einem gegenwärtigen Nun; gleichzeitig wird die Seele in Gott wiedergeboren. So oft diese Geburt geschieht, so oft gebiert sie den eingeborenen Sohn.

DW I, 166 – (203 f.)

Unser Wissen ist Stückwerk

Ein Meister spricht ein gar schönes Wort, daß etwas gar Heimliches, Verborgenes und sehr Erhabenes in der Seele sei, erhaben über die hervorbrechenden Seelen-Kräfte wie Vernunft und Wille …
Ein Meister, der am allerbesten von der Seele gesprochen hat, sagt, daß alles menschliche Können nicht da hineindringen kann, was die Seele in ihrem Grunde ist. Was die Seele ist, das gehört dem übernatürlichen Erkenntnisvermögen zu. Wir wissen nicht, wo die Seelenkräfte ausgehen und in die Werke einmünden. Wir wissen wohl ein wenig davon, aber dies Wissen ist gering.
Was die Seele in ihrem Grunde ist, davon weiß niemand etwas. Was man davon wissen kann, das muß übernatürlich sein. Es muß aus Gnaden empfangen werden. Da wirkt Gott(es) Barmherzigkeit. Amen.

DW I, 123f. – (190)

Bis in die Tiefen der Gottheit

Die besten Meister sagen, daß die Vernunft (zum Absoluten vordringend) völlig abschäle und so Gott (von allen Bildern) entblößt erfasse, sein reines Sein, wie er in sich selber ist.
Nun sage ich: Weder Erkenntnis noch Liebe führen (allein) zur Vereinigung. Die Liebe nimmt Gott auf in seiner Güte ... (gleichsam) wie unter einem Fell oder unter einer Decke. Das tut die Vernunft nicht. Sie ergreift Gott so, wie er von ihr erkannt wird. Doch auch sie kann ihn im Meer seiner Grundlosigkeit nie ganz erfassen.
Darum sage ich: Über die beiden – Erkenntnis und Liebe – ragt die Barmherzigkeit hinaus. Ebenda wirkt Gott(es) Barmherzigkeit, am höchsten und am lautersten.

DW I, 122 – (190)

Was das Leben sei

Warum lebst du eigentlich? – Um zu leben, aber das Warum deines Lebens weißt du dennoch nicht. So begehrenswert ist das Leben als solches, daß man es um seiner selbst willen begehrt …

Was ist das Leben? – Gottes Sein ist mein Leben. Ist nun mein Leben Gottes Sein, so muß das Sein Gottes mein Sein begründen und Gottes Wesenheit meine Wesenheit, und zwar nicht weniger und nicht mehr.

DW I, 105 – (184)

In Tugenden leben – in Gott wohnen

Mit dem Menschen steht es gut, der in den Tugenden lebt, denn ich sprach vor acht Tagen, daß die Tugenden in Gottes Herzen ruhen. Wer in der Tugend lebt und auch in der Tugend wirkt, mit dem steht es gut. Wer sich das Seine nicht anmaßt in keiner Hinsicht – weder im Blick auf Gott noch im Blick auf die Kreaturen – der wohnt in Gott und Gott wohnt in ihm. Dem Menschen ist es gut, alle Dinge zu lassen und zu verschmähen. Dem ist es dann eine Lust, alle Dinge zu vollbringen in höchster Vollkommenheit.

DW I, 167 – (204)

Es spricht Sankt Johannes: ›Deus caritas est – Gott ist die Liebe, und die Liebe ist in Gott; und wer in der Liebe wohnt, der wohnt in Gott und Gott wohnt in ihm.

Wer da in Gott wohnt, der ist wohlbehaust und ist ein Erbe Gottes. Und in wem Gott wohnt, der hat würdige Hausgenossen bei sich.

Ein Meister spricht, daß die Seele vom heiligen Gott berührt wird, ohne irgendeine Vermittlung. Denn in der Liebe, in der Gott sich selbst liebt, in der liebt er mich, und die Seele liebt Gott in eben dieser Liebe. Und die Seele liebt wiederum Gott in derselben Liebe, in der er sich selbst liebt. Wäre aber diese Liebe nicht, darin Gott die Seele liebt, so wäre der Heilige Geist nicht. Es gibt eine Hitze und ein Aufblühen des Heiligen Geistes, darin die Seele Gott liebt.

DW I, 167f. – (204)

Eins sein mit dem Willen Gottes

Wollte Gott nicht, wie ich will, so will ich doch das, was er will.
Manche Leute wollen ihren eigenen Willen durchsetzen in allen Dingen. Das ist böse und krankhaft. Andere sind ein wenig besser; die stimmen zwar mit seinem Willen überein und arbeiten nicht gegen ihn. Wären sie aber einmal krank, so wollen sie, daß Gott dann mit ihrem Willen konform geht, nämlich daß sie gesund werden … Wie dem auch sei, ganz recht ist das auch nicht. Denn die (wirklich) Gerechten haben überhaupt keinen Eigenwillen. Was immer Gott will, ihnen ist alles gleich (gut), wie groß auch das Ungemach sei.

DW I, 102 – (183)

Grenzenlose Barmherzigkeit

Ein Meister spricht: Das höchste Werk, das Gott je gewirkt hat an allen Kreaturen, das ist die Barmherzigkeit. Das Heimlichste und das Verborgenste, sogar das er in den Engeln wirkte, das wird hinaufgetragen in die Barmherzigkeit ...
Der erste Ausbruch all dessen, was Gott wirkt, das ist die Barmherzigkeit, und zwar nicht nur, daß er dem Menschen die Sünde vergibt und sich etwa wie ein Mensch über einen anderen Menschen erbarmt ... (Vielmehr:) Das Werk der Barmherzigkeit ist Gott wesensverwandt, wiewohl auch Wahrheit, Reichtum und Güte Gott auf gültige Weise benennen, eines mehr als das andere. Doch das höchste Werk Gottes ist (dennoch) die Barmherzigkeit. Das besagt, daß Gott die Seele in das Höchste und Lauterste, das sie nur empfangen kann, versetzt: in die (grenzenlose) Weite, in das Meer, ja in ein unergründliches Meer! – Und das wirkt Gottes Barmherzigkeit.

DW I, 121 f. – (189)

Das ewige Jetzt

Gott ist in allen Kreaturen, insofern sie am Sein teilhaben, und doch ist er (auch noch) darüber ... Was da in den vielen Dingen das Eine, Wesenhafte ist, das muß notwendigerweise den Dingen übergeordnet sein.

DW I, 142 – (194)

Das Nun, in dem Gott die Welt erschuf, das ist diesem gegenwärtigen Augenblick so nahe wie das Nun, in dem ich momentan spreche. Und der (scheinbar ferne) Jüngste Tag ist diesem selben Nun ebenso nahe wie der gestrige Tag.

DW I, 144 – (196)

Das Ziel und Ende, zu dem alle Dinge als zu ihrer letzten Vollendung hindrängen, ist an keine bestimmte Weise gebunden. Es entwächst der (begrenzten) Weise und geht in die (unbegrenzte) Weite.

DW I, 144 – (196)

Das Sterben als Zugang zum Leben

Wir loben das Sterben in Gott, damit er uns ins Wesenhafte versetze. Das ist besser als (irgend) ein Leben. Ein Sein, darin unser Leben lebt, da unser Leben wesenhaft wird. Willentlich soll sich der Mensch in den Tod geben und sterben, damit ihm ein besseres Sein zuwachse.
Kräftig muß jenes Leben sein, in dem das Sterbliche Leben gewinne, ja in dem der Tod als solcher zum Leben umgestaltet wird. Gott, dem stirbt nichts; alle Dinge leben in ihm.

DW I, 134f. – (193)

Unterwegs zur Gottesgeburt

Wie der Mensch sein soll

Das große Thema von der Gottesgeburt im Seelengrund durchzieht Eckharts gesamtes Predigtwerk. Die bereits eingangs erwähnte Predigt vom Hinaufgang Jesu in ein »Burgstädtchen« (Bürglein) bespricht die Doppelfunktion der menschlichen Seele, die sowohl eine empfangsbereite »Jungfrau« als auch eine reife, gebärfähige (Ehe-)Frau sei bzw. sein soll. Der betrachtende Leser wird gewahr, daß von ihm selbst die Rede ist, von seiner Möglichkeit, dem Christus »im Seelengrund« zu begegnen. Der Urtext stammt aus DW I, 24–45

»Unser Herr Jesus Christus ging hinauf in ein Burgstädtchen und wurde von einer Jungfrau empfangen, die eine (verheiratete) Frau war.« Nun achtet aufmerksam auf dieses Wort: Jener Mensch, von dem Jesus empfangen wurde, muß notwendigerweise eine »Jungfrau« gewesen sein. »Jungfrau« heißt soviel wie ein Mensch, der von allen fremden Bildern frei ist, so frei wie damals, als er noch nicht war.
Nun sage ich weiter: Daß der Mensch eine Jungfrau ist, das benimmt ihm nichts von den Werken, die er je tat. Das läßt ihn ebenso magdlich und frei dastehen, und zwar ohne irgendeine Behinderung gegenüber der höchsten Wahrheit, nämlich wie Jesus selbst. Sagen doch (nicht nur) die Meister: Gleich und gleich gesellt sich gern! – Darum muß der Mensch Magd und Jungfrau sein, wenn er den magdlichen, freien Jesus empfangen soll.

DW I, 24f. – (159)

Jungfrau sein genügt nicht

Nun merkt auf und seht genau hin! Wäre der Mensch immer nur Jungfrau, so wäre er nicht fruchtbar. Soll er fruchtbar werden, so muß er notwendigerweise eine (gebärfähige) Frau sein.
»Frau«, *das* ist das edelste Wort, das man der Seele beilegen kann, und zwar noch edler als » Jungfrau«.
Daß der Mensch in sich Gott empfängt, das ist gut; und hinsichtlich seiner Empfangsbereitschaft ist er eine (jungfräuliche) Magd. Daß aber Gott furchtbar in ihm werde, das ist besser; denn das Fruchtbarwerden durch die Gabe (Gottes), das ist (Ausdruck der) Dankbarkeit für die Gabe. Und da ist der Geist eine solche Frau in der wiedergebärenden Dankbarkeit. Er gebiert Jesus von neuem in Gottes väterliches Herz hinein.

DW I, 27f. – (160)

Fruchtbar sein ohne Selbstsucht

Einander ehelich verbundene Leute bringen in einem Jahr kaum mehr als eine Frucht hervor. Ich aber meine hier andere »eheliche Leute« ... Eine Jungfrau, die eine reife Frau ist, die ist frei und ungebunden und ohne Selbstsucht. Sie ist allezeit Gott so nahe wie sich selbst. Sie bringt viele Früchte hervor. Sie sind groß, nicht geringer und nicht größer als Gott selber ist.
Diese Frucht und diese Geburt bewirkt diese Jungfrau als Frau. Und zwar bringt sie alle Tage hundert- und tausendmal Frucht, unzählige Male gebärend und fruchtbar werdend aus dem alleredelsten Grund; besser gesagt: aus demselben Grund, aus dem der Vater sein ewiges Wort ausgebiert. So wird sie eine fruchtbar Mitgebärende.
Denn Jesus, das Licht und der Widerschein des väterlichen Herzens – wie Paulus sagt, daß er Ehre und Widerschein des väterlichen Herzens ist und machtvoll das väterliche Herz durchleuchtet – dieser Jesus also ist mit ihr vereint und sie mit ihm. Und sie leuchtet, sie leuchtet zusammen mit ihm als ein einziges Ein und als ein lauteres, klares Licht im väterlichen Herzen.

DW I, 28f. – (160f.)

Die grünende, blühende Kraft der Seele

Es ist eine Kraft in der Seele, die berührt weder Zeit noch Fleisch. Sie fließt heraus aus dem Geist, sie bleibt im Geist und ist durch und durch geisterfüllt.
In dieser Kraft grünt und blüht Gott in all der Freude und Ehre, wie er in sich selber ist. Da ist nun so herzliche Freude und so unbegreiflich große Freude, daß niemand sie angemessen beschreiben kann. Denn der ewige Vater gebiert seinen ewigen Sohn in dieser Kraft ohne Unterlaß, so daß diese Kraft den Sohn des Vaters mitgebiert, sich selber als denselben Sohn in der einigen Kraft des Vaters.

DW I, 32 – (161)

Noch eine Kraft gibt es, die ist auch leibfrei. Sie fließt heraus aus dem Geist und bleibt doch im Geistbereich, und ist durch und durch geistig. In dieser Kraft ist Gott glimmend und brennend ohne Unterlaß: mit all seinem Reichtum, mit all seiner Süßigkeit und mit all seiner Wonne.
Wahrlich, in dieser Kraft lebt eine so große Freude und eine so große, maßlose Wonne, daß niemand sie hinreichend beschreiben oder gar offenlegen kann. Ich sage nun: Gäbe es einen Menschen, der auch nur einen Augenblick vernünftig und wahrhaftig die Wonne und die Freude schauen könnte, die darin liegt, – alles was er gelitten hätte und was Gott ihm auferlegt hätte, das erschiene ihm gering, ja selbst als ein nichtiges Nichts. Mehr noch: es wäre (seinerseits) stets Freude und Wonne.

DW I, 35 f. – (162)

Der Ort der Gottesgeburt

Nachdem Eckhart die von ihm benützten Bildworte »Jungfrau« und »Frau« deutend umkreist hat, kommt er auf das andere, von ihm eingeführte Bildwort »Burgstädtchen« (Bürglein) zu sprechen:

Bisweilen habe ich gesagt, es sei eine Kraft im Geist, die allein frei ist. Bisweilen habe ich gesagt, es sei eine Hut des Geistes; bisweilen, es sei ein Licht des Geistes; bisweilen, es sei ein Fünklein. Nun aber sage ich: Letztlich ist es weder dies noch das. Dennoch ist es ein (dingloses) Etwas, und zwar höher über Dies und Das als der Himmel über der Erde ist. Darum benenne ich es in einer edleren Weise, als ich es je benannte ...

Es ist von allen Namen frei und aller Formen bloß und ledig, absolut frei, so wie Gott eins und einzigartig ist, daß man in keiner Weise dahin blicken kann. Diese selbe Kraft, über die ich gesprochen habe, in der Gott mit aller seiner Gottheit samt dem Geist in Gott blüht und grünt, – in dieser selben Kraft gebiert der Vater seinen eingeborenen Sohn. Und der Geist gebiert mit dem Vater denselben eingeborenen Sohn und sich selber (in) demselben Sohn, und es ist derselbe Sohn in diesem Licht, und das ist die Wahrheit.

Könntet ihr es wahrnehmen mit meinem Herzen, so verstündet ihr wohl, was ich spreche, denn es ist wahr, und die Wahrheit selbst spricht es aus.

Nun seht und gebt acht! So einzigartig ist dies »Burgstädtchen« über aller Weise, von der ich spreche und das ich meine, nämlich in der Seele, daß besagte edle

Kraft nicht würdig ist, daß sie auch nur einen einzigen Augenblick in dies Bürglein schauen könnte; auch nicht jene andere erwähnte Kraft, in der Gott mit all seinem Reichtum und Wonne glimmend und brennend ist.

So ganz einzigartig ist dies Bürglein und so über alle Weise und alle Kraft erhoben ist dies einige Eins, daß keine Kraft noch Weise – nicht einmal Gott selber – hineingelangen kann …

Seht, so wie Gott eins und einzigartig ist, so kommt er in das Eine, das ich nenne »ein Bürglein in der Seele«. Und anders kommt er in keiner Weise hinein, sondern so kommt er hinein und ist (schon immer) darinnen. Mit *diesem* Teile ist die Seele Gott gleich, anders aber nicht.

Daß ich das gesagt habe, das ist wahr. Die Wahrheit selbst rufe ich als Zeugen, und meine Seele gebe ich zum Pfand. – Daß wir ein solches Burgstädtchen seien, zu dem Jesus hinaufging und in ihm empfangen werde und daß er – wie ich gesagt habe – ewig in uns bleibe – das helfe uns Gott. Amen.

DW I, 39f. – (163f.)

Er gebiert mich als sich

Der Vater gebiert seinen Sohn im ewigen Erkennen, und also gebiert der Vater seinen Sohn in der Seele als in seiner eigenen Natur; er gebiert ihn der Seele zu eigen, und sein Wesen hängt daran ...
Wo der Vater seinen Sohn in mir gebiert, da bin ich derselbe Sohn, und nicht ein anderer.

DW I, 72 – (172)

Der Vater gebiert seinen Sohn in Ewigkeit, sich selber gleich! »Das Wort war bei Gott, und Gott war das Wort«: Es war dasselbe in derselben Natur.
Weiter sage ich: Er hat ihn geboren in meiner Seele. Nicht allein ist sie bei ihm und er bei ihr gleich, sondern er ist in ihr. Und es gebiert der Vater seinen Sohn in der Seele in derselben Weise, wie er ihn in der Ewigkeit gebiert, und nicht anders. Er muß es tun, es sei ihm lieb oder leid. Der Vater gebiert seinen Sohn ohne Unterlaß. Und ich sage weiter: Er gebiert mich als seinen Sohn, und zwar als denselben Sohn. Ich sage weiter: Er gebiert mich nicht allein als seinen Sohn; nein mehr: Er gebiert mich als sich und sich als mich und mich als sein Wesen und als seine Natur.
In der innersten Quelle, da quelle ich aus in dem Heiligen Geist. Da ist *ein* Leben und *ein* Wesen und *ein* Werk.
Alles, was Gott wirkt, das ist eins. Darum gebiert er mich als seinen Sohn ohne einen Unterschied. Mein leiblicher Vater ist nicht eigentlich mein Vater, sondern nur zu einem kleinen Teil seiner Natur, und ich

unterscheide mich von ihm, er mag tot sein und ich lebe. Darum ist der himmlische Vater in Wahrheit mein Vater, denn ich bin sein Sohn und ich habe all das von ihm, was ich von ihm habe. Und ich bin derselbe Sohn, und kein anderer. Wenn der Vater ein Werk wirkt, so wirkt er mich als seinen eingeborenen Sohn, und zwar ohne Unterschied.

DW I, 109 f. – (184)

Wahrhaftig, willst du diese edle Geburt finden, so mußt du ›die Menge‹ verlassen und mußt zum Ursprung umkehren, zu jenem Grund, aus dem du gekommen bist.
Die ›Menge‹, das sind die (naturhaften) Kräfte der Seele und ihr Treiben, Gedächtnis, Verstand und Wille, die dich allesamt zerstreuen. Darum mußt du sie alle lassen, die Sinnenhaftigkeit und das Hängen an den Bildern; kurz alles, in dem du dich selbst vorfindest und dich meinst. Dann erst kannst du die Geburt finden; wahrhaftig, anders nicht ...
Hierzu stellt sich uns die Frage: Ob der Mensch diese Geburt etwa finden könne mittels etlicher Dinge, die zwar auf Gott bezogen scheinen, aber durch die Sinne von außen (in dich) hineingetragen wurden, in Gestalt von Gottesbildern (bzw. -vorstellungen), etwa wonach Gott gut sei, barmherzig und so weiter ... Ob man mit all dem etwa Gott finden könne?
Wahrlich, nein! Wenn das auch gut oder göttlich sein mag, so ist es doch von außen durch die Sinne hereingetragen. – Aber es muß alles von innen herauf und aus Gott herausquellen, soll diese Geburt eigentlich und lauter aufleuchten. Zum Erliegen kommen muß all deine Geschäftigkeit. Alle deine Kräfte müssen dem Seinen, nicht aber dem Deinen dienen. *Gott allein* muß es wirken, soll das Werk vollkommen sein. Du hingegen sollst es allein zulassen.
Wo du wirklich aus deinem Willen und aus deinem

Wissen herausgehst, da geht Gott wahrhaftig und von seinem Willen erfüllt hinein und leuchtet klar mit seiner Weisheit …

Soll Gott göttlich in dir aufleuchten, so ist dein natürliches Licht völlig überflüssig. Mehr noch: es muß zu einem totalen Nichts werden und sich völlig aufgeben. Dann erst kann Gott mit seinem Licht hineinleuchten. Und er bringt all das mit sich, von dem du dich entfernt hast, und dies tausendfältig. Dazu bringt er eine neue Form hervor, die alles in sich beschließt.

Pfeiffer 24,31 ff. – (432 f.)

Wenn er dich bereit findet

Wenn Gott dich bereit findet, so *muß* er wirken und sich in dich ergießen, und zwar (geschieht es) gleich der Luft: ist sie lauter und klar, so *muß* das Sonnenlicht sie durchströmen; er kann sich gar nicht zurückhalten. So wäre es sicher ein sehr großer Mangel bei Gott, wenn er nicht große Werke in dir wirkte und wenn er nicht großes Gut in dich hineingösse, sobald er dich frei und offen findet …
In dem Augenblick, in dem der (menschliche) Geist bereit ist, geht Gott in ihn ein, ohne Verzögerung und ohne Zögern … Du mußt ihn nicht eigens suchen, weder dort noch hier. Er ist ja nicht weiter weg als vor der Tür des Herzens. Da steht er und wartet, wen er bereit findet, ihm auftut und ihn hineinläßt. Du brauchst ihn auch nicht erst von fern her zu rufen. Er kann es ja kaum erwarten, bis du ihm auftust. Ihn verlangt tausendmal dringlicher nach dir als du dich nach ihm sehnst:
Das Auftun und das Hineingehn, es fällt letztlich in einem Punkt zusammen.

Pfeiffer 27, 26 ff. – (435 f.)

Kennzeichen geschehener Gottesgeburt

Man könnte (im Blick auf die Gottesgeburt im Seelengrund) sagen: Ei, Herr, du meinst also, daß es in mir zum Ereignis dieser Geburt komme und der Sohn in mir geboren werde. Nun hätte ich dafür gern ein Zeichen, um zu wissen, daß sie wirklich geschehen ist …

Ja, wahrhaftig, wenn diese Geburt wirklich geschehen ist, so können dich die Kreaturen nicht mehr länger hindern. Sie weisen dich vielmehr alle zu Gott hin und zu dieser Geburt …

Sieh, so (wie beim Blitzschlag) geschieht es all denen, die von dieser Geburt ergriffen werden. Sie werden schlagartig zu dieser Geburt hingekehrt in allem, was ihnen gerade gegenwärtig ist, wie grob es auch sein mag. Was dir vorher ein Hindernis war, das fördert dich von nun an. Das Antlitz wird nun ganz dieser Geburt zugekehrt. Ja, alles, was du siehst und hörst, was es auch sei – in allem tritt dir diese Geburt entgegen. Alle Dinge werden dir lauter Gott, denn in allen Dingen begegnet dir kein anderer als allein Gott. Gerade so, wie wenn ein Mensch lange in die Sonne sähe, was er danach anschaute, in dem erblickte er das Bild der Sonne.

Solange das bei dir nicht der Fall ist, daß du in einem jeglichen Ding Gott suchst und in den Blick bekommst, fehlt dir noch diese Geburt.

Pfeiffer 28,26 ff. – (437)

LITERATURHINWEISE

Eine ausführliche Bibliographie mit Hinweisen auf Werk-, Einzelausgaben und Sekundärliteratur in »Meister Eckhart in Selbstzeugnissen und Bilddokumenten«, hrsg. von Gerhard Wehr. Reinbek 1989 (rm 376).

Böhme, Wolfgang (Hrsg.): Meister Eckhart heute. Karlsruhe 1980.

Fischer, Heribert: Meister Eckhart. Einführung in sein philosophisches Denken. Freiburg 1974.

Haas, Alois Maria: Nim dîn selbes wâr. Freiburg/Schweiz 1971.

Ders.: Meister Eckhart als normative Gestalt geistlichen Lebens. Einsiedeln 1979.

Kern, Udo (Hrsg.): Freiheit und Gelassenheit. Meister Eckhart heute. München-Mainz 1980.

Nix, U./Oechslin, R. (Hrsg.): Meister Eckhart, der Prediger. Festschrift zum Eckhart-Gedenkjahr. Freiburg 1960.

Quint, Josef: Meister Eckhart; in: Die Großen Deutschen (1935 f.) Frankfurt-Berlin 1983, Bd. I, 246 ff.

Ruh, Kurt: Meister Eckhart. Theologe, Prediger, Mystiker. München 1985.

Sudbrack, Josef: Wege zur Gottesmystik. Einsiedeln 1980.

Ueda, Shizuteru: Die Gottesgeburt in der Seele und der Durchbruch zur Gottheit. Gütersloh 1965.

Wehr, Gerhard: Die Deutsche Mystik. Mystische Erfahrung und theosophische Weltsicht. München 1988.

Ders.: Meister Eckhart in Selbstzeugnissen und Bilddokumenten. Reinbek 1989 (Rowohlts Monographien 376).

Gerhard Wehr

Jakob Böhme
Die Morgenröte bricht an
Zeugnisse der Naturfrömmigkeit
und der Christuserkenntnis
Band 1077, 128 Seiten

Rudolf Steiner
„Erkenne dich im Strom der Welt"
Wege zur Bewußtseinserweiterung
Band 1328, 128 Seiten

Karlfried Graf Dürckheim
Das Tor zum Geheimen öffnen
Band 1632, 160 Seiten

Wörterbuch der Esoterik
Zugänge zum spirituellen Wissen von A–Z
Band 1600, 160 Seiten

Herder Taschenbuch Verlag

Meister des inneren Weges

Teresa von Avila
„Ich bin ein Weib – und obendrein kein gutes“
Ein Portrait der Heiligen in ihren Texten
Ausgewählt, übersetzt und eingeleitet
von Erika Lorenz
Band 920, 144 Seiten, 6. Aufl.

Francisco de Osuna
Versenkung
Weg und Weisung des kontemplativen Gebetes
Ausgewählt, übersetzt und eingeleitet
von Erika Lorenz
Band 938, 144 Seiten, 2. Aufl.

Edith Stein
Im verschlossenen Garten der Seele
Ausgewählt und eingeleitet von Andrés E. Bejas
Band 1359, 128 Seiten, 3. Aufl.

Mechthild von Magdeburg
„Ich tanze, wenn du mich führst“
Ein Höhepunkt deutscher Mystik
Ausgewählt, übersetzt und eingeleitet
von Margot Schmidt
Band 1549, 160 Seiten

Herder Taschenbuch Verlag